日本近現代史を生きる

過去・現在・未来のなかで

大日方純夫

著

学習の友社

はじめに
―歴史のなかを生きる

　私たちは、現在の現実のなかで、日々を生きています。その現実はすべて過去の蓄積からつくられたものです。現実に存在するすべてのものは、歴史が生み出し、つくり出したものです。ですから、現在は過去と密接に結びついています。その意味で、私たちは歴史の産物であり、主観的には歴史から自由だと考えたとしても、客観的には歴史的な存在以外の何物でもありません。

　歴史とは、人類が過去に重ねてきたさまざまな活動のすべてであり、人間が生きた後に残る痕跡です。一個人のレベルから人類全体のレベルまで、その痕跡は無限といってもよいほど膨大です。しかし、はっきりしているのは、それらの歴史を成り立たせている一番小さな単位は、それぞれの人間、つまり個人であり、それぞれの生活と実践が時代をつくり、歴史をつくってきたということです。

　たしかに私たちそれぞれの存在は、小さなものです。ですから、歴史は私たちとは無関係に、ただ流れて来て、そして、流れていくようにも見えます。あるいは、私たちとは無関係なある個人やある集団の力によって、歴史がつくられてきたようにも見えます。

　しかし、過去の"私たち"（民衆）の存在を抜きにして、歴史は決してつくられはしなかったということを、過去の歴史は示しています。どのような英雄であっても、どのような強力な集団であっても、民衆との関係を抜きにして、歴史を創造することはできなかったといえます。

　今、何が必要なのでしょうか。流れてゆくものとして歴史を見る態度を克服し、創造するものとして歴史に向きあう実践的な構えをつくっていきたいものだと思います。自分とは無縁なものとして歴史を見る態度

I

を打ち破って、自分を歴史の構成要素とする主体性をもちたいと思います。そこに、歴史（未来）に対する責任の観念が生まれてくることでしょう。その時、歴史は死んだ過去の遺物ではなく、また、単なる知的な好奇心の対象でもなく、今を生き、未来を創造する私たち自身にとって、決定的な重要性をもつ指針を与えるものとして蘇ってくることでしょう。

　歴史における責任を問いつづけることは、現在をいかに生きるのか（現代の社会における責任）、どのような未来を選び取るのか（次の社会に対する責任）を自覚することと無縁ではありません。このような主体的な態度をもって、つねに歴史に向きあっていきたいものだと思います。

　主体的に歴史に向きあうとき、私たちは不可避的に過去の何を受け継ぎ、何を克服すべきかの選択を迫られることになります。その選択は、その人の現在における生き方と密接にかかわり、その選択がこれからの未来を左右していくことになります。

　歴史の産物である私たちは、しかし、また新しい歴史をつくる担い手でもあります。生きることは、未来に向けての実践であり、歴史をつくることです。その意味で、歴史は私たちの創造物です。主観的には歴史の創造と無縁のように思えても、客観的には、日々を生きること自体、歴史の創造以外の何物でもないのです。

　社会に対して主体的に向き合い、その真実をつかみとることによってこそ、社会の弱点を克服し、歴史をすすめることができます。歴史のゆくえを最終的に決めるのは、そうした無数の“私たち”の力以外にありません。ですから、私たちは、過去を歴史的に究明することを通じて現在の社会とかかわり、現在の社会の弱点を克服することによって、未来の社会に責任を負って生きていきたいものだと思います。どのような未来を選びとるべきか、どのように現在を生きるべきかをつねに問いかけながら、歴史に向きあっていきたいものだと思います。

［もくじ］

はじめに ―歴史のなかを生きる ——————————— I

I 「明治」を考える ——————————— 9

(1)「明治150年」と現在の日本 11
①「明治100年」と「明治150年」 11
▶「明治150年」のキャンペーン 11 ／▶「明治100年」との共通点 12
▶「明治100年」との違い 13
②「明治」の日本と現在の日本 15
▶アジアとの関係 15 ／▶日清・日露の戦争 16
▶女性が組み込まれていた社会 17 ／▶『あゝ野麦峠』の女工たち 18
▶「真の文明は人を殺さず」 20 ／▶囚人労働 22
▶産業革命と民衆 23 ／▶北海道・沖縄にとっての「明治」 24
▶もっと深く、もっと豊かに 25

(2)「明治」と「天皇の国」 26
①「明治」への転換と天皇制 26
▶「明治」改元 ―王者の時間 26 ／▶祝祭日の組み換え 28
▶「万世一系」の証明 29 ／▶神道祭祀と天皇制 31
②教化・強制と精神統合のシステム 32
▶軍事・教育と天皇制 32 ／▶「国体」と思想弾圧 33
▶栄誉と恩賜 35 ／▶聖蹟と天覧 36 ／▶菊の紋章 37
③天皇のもとの政治運営 39
▶天皇の政治 39 ／▶皇室典範と皇室制度 40
▶初期議会期の天皇制 42 ／▶日清・日露戦争期の天皇制 42
▶東アジアの君主制 43 ／▶「大正デモクラシー」期の天皇制 44
▶「昭和戦前」期の天皇制 45

Ⅱ 「自由民権」を生きる — 47

(1)「自由民権」の力　49
①国会と憲法を求めて　49
　▶自由民権運動の起こり　49／▶国会開設・憲法制定を求めて　51
　▶学び合う学習の時代　54
②政党はなぜ生まれたのか　54
　▶政党を生み出した力　54／▶政党が生み出した力　56
　▶政府と政党の対抗　58

(2)「自由民権」の声　58
①民衆にとっての「自由民権」　58
　▶弁士と聴衆 —演説の魅力　58／▶さまざまな呼びかけ　60
　▶「自由」の2字　62
②秩父事件の「自由民権」　63
　▶立ち上がった秩父の農民　63／▶農民たちが求めたもの　64
　▶「自由民権」と現在　66

(3)「自由民権」の世界　67
①平和を求め、戦争をなくすために　67
　▶戦争をなくすにはどうすればよいか —国際機関の設置　67
　▶日本外交はどうあるべきか —小国主義の提案　69
　▶日本はどのような道をとるべきか —3人が語る　70
②民主主義と平和を国民のものに　71
　▶「与えられた民権」を「勝ち取った民権」へ　71
　▶民権の精神をどう生かすか　73／▶自由党は死んだ　75
③帝国憲法と立憲主義　76
　▶「自由民権」と帝国憲法　76／▶自由民権の「花」　78

Ⅲ 戦争を考える ──────────────── 81

（1）近代日本の戦争をどう見るか　83

①戦争の連鎖 ─対外戦争と植民地　83

　▶「明治」の内戦と軍隊　83 ／▶日清戦争と朝鮮・台湾　84

　▶日露戦争と韓国併合　85 ／▶戦争と植民地　87

②第一次世界大戦"体験"　88

　▶未発の転換　88 ／▶戦争違法化と日本　89

③十五年戦争の時代 ─メディアと戦争　91

　▶満州事変と「暴支膺懲」　91 ／▶日中全面戦争と「東亜新秩序」　91

　▶アジア太平洋戦争と「大東亜共栄」　92

　▶戦局の推移と戦争による死　94 ／▶近代日本にとっての戦争　96

（2）日露戦争から戦争を考える　97

①戦争国家のシステム　97

　▶日露戦争を考えるポイント　97

　▶ヒト（兵士）とモノ（兵器・物資）はどう準備されたか　99

　▶カネ（軍事費）はどこから来たか　100

②メディアと教育の役割　101

　▶国民意識はどう動いたか　101 ／▶戦争は戦後に何を残したか　103

③国家と戦争を越える ─『平民新聞』の非戦論　105

　▶「宣言」─軍備の撤廃、戦争の禁絶を　105

　▶「戦争来」─口ある限り戦争反対を絶叫する　106

　▶「露国社会党に与える書」─国家を越え、時代を越える　107

④歴史から何を学ぶか　108

　▶日露戦争をどうふり返るか　108

　▶何が違い何が同じか ─当時と現在　109 ／▶もの言えぬ空気が支配　110

(3) 沖縄の近代 —その軌跡　111

①沖縄にとっての「明治」　111

　　▶「琉球処分」　111 ／▶旧慣温存　112 ／▶謝花民権　114

②沖縄にとっての戦争　115

　　▶ソテツ地獄　115 ／▶鉄の暴風　116

Ⅳ　現代日本を生きる　　　　　　　　　　　　　　119

(1) 戦後東アジアの戦争と平和　121

①日本の敗戦と東アジア　121

　　▶「靖国」の戦後　121 ／▶「戦後」の戦争　122 ／▶戦争責任と裁判　123

　　▶講和と戦後処理　124 ／▶改革へのブレーキと「逆コース」　125

②国交正常化と賠償・請求権　126

　　▶中華民国と韓国と　126 ／▶国交正常化と民衆　128

(2) 沖縄の現代 —その軌跡　129

①沖縄にとっての「戦後」　129

　　▶切り離された沖縄 —米軍支配　129

　　▶"太平洋の要石" と "島ぐるみ闘争"　130 ／▶"屈辱の日" と復帰運動　131

②沖縄の「現在」　134

　　▶基地の島　134 ／▶普天間と辺野古　135

(3) 歴史認識問題の戦後史　136

①歴史認識がなぜ問題化したのか　136

　　▶国内問題としての歴史認識　136 ／▶「歴史」の外交問題化　137

　　▶戦争責任の問題化　139

②歴史認識をめぐるせめぎあい　141

　　▶せめぎあいの中の「村山談話」　141 ／▶「戦後 50 年」の政界潮流　143

　　▶「靖国」と「教科書」の巻き返し　145

　　▶歴史認識をめぐる 3 つの潮流　147

(4) 歴史認識と日本国憲法　148

①過去から未来へ　―日中韓三国の歴史認識　148

　▶それぞれにとっての戦争の意味　148

　▶三国の歴史の全体像をてらして　149

　▶アジアと共生できる日本をどうつくるか　151

②歴史問題を解決していくために　152

　▶事実を学び、過去をとらえ返す　152

　▶ドイツとの比較　―違いは何か　153／▶された側からの視点　155

③日本国憲法のなかの歴史　157

　▶過去・現在・未来のなかで　157／▶「平和」と平和　157

　▶未来に対する「国民」の責任　159

おわりに　―現代日本の私たち　161

(1) 近代の日本　162

　▶人間は優曇華の花　162／▶権利の蹂躙と生存の抹殺　164

(2) 現代の日本　165

　▶戦争と平和　165／▶天皇と国民　166／▶人権と生存　168

Ⅰ

「明治」を考える

1900年頃の足尾銅山
　『風俗画報増刊・足尾銅山図絵』（1901年）の絵です。中央の山の下には銅の鉱脈があります。地下で採掘した鉱石を、正面右の谷の奥の口から運び出し、谷の途中にある選鉱所で砕いて、銅分を取り出します。つづいて、谷の出口のところに立ち並んだ精錬所で銅にします。精錬所から出る煤煙で山々の草木は枯れ、はげ山になっています。選鉱の時に出る排水には有害な銅分（鉱毒）がまざっています。
　大量に銅を生産すれば、鉱毒も大量に発生します。川に流された鉱毒は、どこにいくのでしょうか。また、ここで働いている1万人近い人びとは、どのような日々を送っているのでしょうか。

Ⅰ 「明治」を考える

＜年表＞

1867　大政奉還。

1868　王政復古の大号令。戊辰戦争おこる。

　　　　「明治」改元、一世一元制を定める。

1871　廃藩置県。

1872　学制頒布。

1873　徴兵令布告。地租改正条例布告。

1874　自由民権運動おこる＜➡Ⅱ＞。　佐賀の乱。

1877　西南戦争。

1879　琉球処分＜➡Ⅲ＞。

1889　大日本帝国憲法発布＜➡Ⅱ＞。

1890　教育勅語発布。

1891　足尾銅山鉱毒事件おこる。

1894　日清戦争（〜95）＜➡Ⅲ＞

1898　民法施行。

1899　北海道旧土人保護法。

1900　治安警察法。

1903　平民社創立、非戦論を主張。

1904　日露戦争（〜05）＜➡Ⅲ＞。

1907　足尾銅山暴動。

1910　韓国併合＜➡Ⅲ＞。大逆事件。

1911　工場法成立。中国、辛亥革命。

1912　天皇死去。「大正」に改元。

I　「明治」を考える

　安倍晋三首相は、2018年1月、年頭所感と年頭記者会見で、「本年は、明治維新から、150年の節目の年です」と述べました。「150年前、明治日本の新たな国創りは、植民地支配の波がアジアに押し寄せる、その大きな危機感と共に、スタートしました」として、当時の「危機感」と「国難」を強調し、これを克服するために「近代化」を推し進めた「日本人」の「志と熱意」を思いおこせと主張しました。同年1月の国会での施政方針演説でも、「明治の先人」たちにならって現在の危機を克服していこうと主張しました。

(1)「明治150年」と現在の日本

①「明治100年」と「明治150年」

▶「明治150年」のキャンペーン——

　政府は2016年10月、「明治150年」関連施策の推進を決め、内閣官房に「明治150年」関連施策の推進室（以下、推進室）を設置しました。そして、同年11月から、「明治150年」関連施策各府省庁連絡会議を開催し、「明治150年」関連施策の推進をはかりました。

　政府は、こうした施策を、国レベルだけでなく、民間団体、都道府県・指定都市、市区町村（指定都市除く）のそれぞれで展開しようとしました。2018年6月末に集計された関連施策の取組状況によれば、その件数は、国159、民間団体391、地方公共団体（都道府県・市町村）3659で、合計4209件にのぼりました。こうして、膨大な施策・事業の推進が、「明治150年」の名のもとで展開されました。

　推進室は、「明治150年」キャンペーンの趣旨を、つぎのように説明しました。

　「明治150年」をきっかけとして、明治以降の歩みを次世代に遺すことや、明治の精神に学び、日本の強みを再認識することは、大変重要なことです。このため、政府においては、こうした基本的な考え方

11

を踏まえ、「明治150年」に関連する施策に積極的に取り組んでいます。

施策として打ち出されたのは、「明治以降の歩みを次世代に遺す施策」、「明治の精神に学び、更に飛躍する国に向けた施策」、「明治150年に向けた機運を高めていく施策」の3つでした。「明治以降、日本は近代化の歩みを進め、国の基本的な形を築き上げた」、「明治期の人々のよりどころとなった精神を捉えることにより、日本の強みを再認識し、現代に活かすことで、日本の更なる発展を目指す基礎とする」というのです。

▶「明治100年」との共通点──

「明治」を讃えようとするこのような国家的なキャンペーンが展開されたのは、「明治150年」が初めてではありません。50年前、安倍首相の大叔父にあたる佐藤栄作首相のもとで、「明治100年」記念事業が推進されました。

当時の政府は、1968年10月23日、政府主催の記念式典を日本武道館で挙行しました。また、全国各地では様々な記念行事が行われました。それは、日本の近代化の成功をたたえ、経済大国化をアピールしようとする国家的なキャンペーンでした。

この「明治百年祭」に対し、歴史関係の学会・研究会は、強く反対しました。100年間を「壮大なる進歩と発展の実績」をあげた時期としてみる一方で、「太平洋戦争」の敗戦を単に「大災厄」などととらえる考え方を、厳しく批判したのです（「『明治百年祭』反対運動に関するよびかけ」）。このような歴史観は、過去の侵略戦争に対する反省をまったく欠き、また、戦後の民主的な変革の意義や、日本国憲法の精神を否定するものだと考えたのです。さらに、特定の歴史観を国家行事を通じて国民に押し付けようとするものだと批判しました。

この「明治100年」と今回の「明治150年」で共通しているのは、第一に、「明治」という時代を一面的に美化している点です。そこには、「戦争」と「アジア」の問題がまったく欠けています。日清戦争も日露

戦争もなく、台湾の植民地化も、朝鮮の植民地化もありません。また、国内で噴出した様々な矛盾も消し去られています。一揆も、民権運動も、社会問題もありません。近代化にともなう"影"に目をつむり、これを消し去っているのです（後述）。

第二に、「100年」間、ないし「150年」間の連続性を強調している点です。「明治150年」について言えば、「富国強兵」を国是とし、「戦争」政策と「国威」発揚によって対外膨張を推進して、最終的に崩壊した戦前の77年間と、敗戦を機に軍隊を解体し、「平和」と「人権」を基調とすることになった戦後をひとつづきのものとしてとらえています。

第三に、「明治」の一面的な美化によって、ナショナリズムをあおり、"国威発揚"に役立てようとしている点です。50年前の「明治100年」の前後に何が起こったのかを思い起こしてみましょう。1966年10月には、「期待される人間像」が発表されました。そこでは、国民として「愛国心」をもつこと、天皇への敬愛が国家への敬愛につながることが強調されました。天皇を中心とする「国民像」が期待されたのです。同年11月には、2月11日を「建国記念の日」とすることが決定されました。そして、この年3月、政府が決定したのが、「明治百年」記念事業だったのです。翌1967年、戦前の「紀元節」が新たな装いのもとで復活しました。1969年には、自民党が靖国神社国家護持法を初めて提出します。

「明治150年」も、教育勅語を肯定し、「明治節」を復活させようとする動きのなかで登場してきました。11月3日の「文化の日」（戦前の「明治節」）を「明治を記念するに相応しい「明治の日」」に改めようとする運動が展開されているのです。日本国憲法発布の日を消し去って、明治天皇の誕生を記念する日にかえようとする動きです。また、道徳教育の教科化によって、愛国心や伝統・文化の押しつけをはかる動きが目立っています。

▶「明治100年」との違い──

しかし、「明治100年」と「明治150年」の違いをみておくことも大

13

切です。「明治100年」キャンペーンは、高度経済成長のさなかに展開され、「経済大国」化をめざす「人づくり」のために使われました。経済成長を保障・促進する役割が期待されたといえます。これに対して「明治150年」は、日本経済の地盤沈下と先行き不透明のなかで、日本の「強み」を再認識し、「更なる発展」をはかるために使われようとしました。つまり、停滞・後退の流れを逆転させる役割が期待されたとみることができます。しかし、そのような目算によって、本当に日本の未来は切り開かれるのでしょうか。

さらに、「明治100年」と「明治150年」の違いで、最も大きいのは憲法問題です。「明治100年」の時には、憲法そのものは焦点になっていませんでした。政府・自民党が、国民との矛盾・対立を避けるため、条文そのものを改める明文改憲ではなく、解釈によって切り抜けようとする解釈改憲をすすめる路線をとっていたからです。ところが、「明治150年」は、明文改憲への動きが顕著となるなかで急浮上してきました。したがって、「明治150年」では、「明治」と憲法の関係に、とくに注意しておくことが必要です。

また、「明治150年」は「明治100年」とは異なり、天皇代替わりの時期と密接に連動していました。「明治100年」は1968年の「昭和43年」でした。「昭和」は、その後、なお20年間続いて、「昭和64年」、つまり1989年の1月7日に終わり、「平成」に切り替わりました。しかし、「平成」は2019年4月末で終わりました。「明治150年」は翌年5月に新天皇が即位し改元がなされる天皇代替わりと連続していたのです。

改憲の動きは、こうしたナショナリズムと国威発揚がないまぜになったキャンペーンの連鎖と複合のなかで展開されています。2012年に出された自民党の改憲案は、天皇を「元首」と規定してその権威を強化すること、国防軍の新設を明記すること、「緊急事態」条項を新設することなどを盛り込んでいます。

■I 「明治」を考える

②「明治」の日本と現在の日本

▶アジアとの関係──

　私たちが今、「明治」期に向き合って「再認識」すべきなのは、「日本の強み」なのでしょうか。高度成長の夢や、強い日本への期待ではなく、私たちが直面している深刻な課題を克服していくためにこそ、過去に目を向け、そこから経験や教訓をくみ取っていくべきではないでしょうか。心地よい「明治」の物語ではなく、富国強兵と戦争・植民地化、国内矛盾の深まりという過去の現実を見据え、そこから克服すべき歴史的な課題を学び取ることが大切ではないでしょうか。

　安倍首相は、施政方針演説の最初で、「国難」のなかで「近代化」を遂げた「明治という時代」の「原動力」に言及したうえで、それと直接に関係なく、「働き方改革」、「人づくり革命」、「生産性革命」、「地方創生」、「外交・安全保障」といった政策課題を語りました。しかし、まじめに「明治」と向きあうなら、もっと深刻に考えるべき問題があるはずです。

　「明治の精神に学び、更に飛躍する国に向けた施策」では、「外国人」に「光をあて」るとしましたが、それは、欧米の「外国人」だけであり、アジアは視野にはいっていません。

　幕府を倒した新政府は、対外和親の態度を表明するとともに、兵備を充実させ、「国威」を海外万国に輝かせると宣言しました。そして、西洋をモデルとして西洋並みの強国となり、それによって条約改正を実現しようとしました。たしかに当時の日本は、他のアジアの国々と同様に、西洋諸国から一人前の国とは見なされていませんでした（不平等条約の強制）。そこで政府は、対等となる資格を得るために、なりふり構わず西洋の真似をし（欧化政策）、また、国民の実情を無視して制度や法律の導入をはかりながら、条約改正交渉をすすめました。当然、国内では批判が高まりましたが、結局、戦争をテコにして手に入れた"強国"の切符で、目的を達成することになったのです（日清戦争と結びついて、

15

1894年、領事裁判権を撤廃し、日露戦争後の1911年、関税自主権を完全に回復）。

　しかし、この条約改正の道のりで、日本は、まず、朝鮮に不平等条約を押し付け（1876年）、つづいて国内体制を固めたうえで、日清戦争の勝利をテコに清とも不平等条約を結び（1896年）、また、台湾を植民地とし（1895年）、日露戦後には朝鮮半島から国家を消滅させて植民地にしました（1910年）。西洋の"強国"をモデルとする「脱亜」の道は、"奪亜"でもあったのです。そして、西洋諸国は、まさにこの時期、帝国主義の時代に本格的に突入していました。その仲間入りをした日本も、"獲物の分け前"を競い始めたのです。

▶日清・日露の戦争──

　日清戦争は朝鮮の支配をめぐる日清の戦争でした。大義名分は清からの朝鮮の独立にありました。しかし、戦争は日本軍による朝鮮王宮の占領から始まり、日清戦争中に朝鮮で広がった抗日運動に対して日本軍は"皆殺し"作戦を展開しました。日清戦争は朝鮮に対する戦争でもあったのです。

　日露戦争も、日本に攻めて来たロシアに対して戦った戦争ではありません。戦争は満州・朝鮮の支配をめぐって展開され、その結果、朝鮮（韓国）こそが存亡を脅かされたのです。ロシアと開戦するや、日本は韓国に圧力を加えて、日本が内政に介入・干渉すること、韓国が日本軍の軍事行動に便宜を与えることを認めさせました。戦争中、日本は韓国侵略の基本方針を決定し、日露戦争後にかけて具体化をはかっていきました。その過程で日本は朝鮮民衆の抗日義兵闘争に対して、植民地化のための戦争を展開したのです。ですから、韓国の「生き残り」は日本によって否定されました。日清戦争でも、日露戦争でも、日本の国土が戦場となることはなく、出兵した兵士は朝鮮半島で、あるいは中国東北地方で戦闘に参加しました。

　では、日清・日露の戦争は、日本の民衆にとってどのような意味をも

ったのでしょうか。たしかに、外国との戦争は国民を一体化させます。敵に対する排外心と対抗心をかき立て、自国中心の立場を強めるからです。悪いのは敵であり、正義は我にありと、日清戦争では

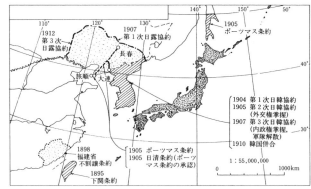

出所：『日本近現代史を問う』(学習の友社) p.41

清の不当性が強調され、清の人びとを見下す意識が強められました。また、外の脅威を強調することによって、増税と軍備拡張が進められていきました。他方で戦争は、膨大な経費を費やしただけでなく、大量の還らぬ命（死者）を生み出し、傷病兵を生み出しました。

　このような朝鮮・中国との関係や、戦争と植民地化の「明治」は、政府がその「精神」に学び、「強み」を再認識させようとする「明治」と、メダルの表と裏のように一体であり、切り離すことはできません。そして、そのような「明治」をきちんと認識することこそ、中国・朝鮮をはじめ、アジア諸国との友好・交流を深めていくうえで、欠かすことができません。

　しかも、日本の文明化は、中国・朝鮮に対する偏見を生み出し、とくに日清戦争は中国に対する差別と偏見を日本社会のなかに広げていきました。現在のヘイト・スピーチを克服していくためにも、そうした「明治」のあり方、日本社会のあり方に対する省察が不可欠です。

▶女性が組み込まれていた社会──

　「明治150年」施策は、「明治」期の「女性」の活躍に光をあてようとしました。しかし、そうした部分や個人に目を奪われて、「明治」期の「女性」が組み込まれていた政治的・社会的な構造を忘れてはならない

でしょう。

帝国議会開設以来、戦前の全期間を通じて、女性には選挙権も被選挙権も認められず、政治

≪資料≫　民法（1898年6月公布・7月施行）
第746条　戸主及び家族はその家の氏を称す。
第750条　家族が婚姻または養子縁組を為すには、戸主の同意を得ることを要す。
第788条　妻は婚姻に因りて夫の家に入る。
第801条　夫は妻の財産を管理す。

参加の機会は完全に奪われていました。1890年の集会及政社法も、これを継承した1900年の治安警察法も、女性の政治結社加入を禁止し、政談集会への参加も禁止しました（後者は運動の結果、1922年に廃止）。女性は選挙から排除されたばかりでなく、政治の世界からも排除されていました。帝国憲法のもとの政治秩序は、男性中心だったのです。

政治ばかりではありません。社会的にも男性中心の秩序が編成されていました。1898年に公布された民法（明治民法）によって、家長中心の「家」制度がかためられました。女性は父親の許しがなければ結婚できません。結婚すると相手（夫）の家に入ります。姓は夫の苗字にしなければなりません。自分の財産も夫に管理されてしまいます。男中心、「家」中心の仕組みに縛られていたのです。

本気で"女性が輝く社会"を実現し、"男女共同参画社会"を推進しようとするなら、こうした「明治」と対峙していかなければなりません（今、逆に「家」の復活をはかろうとする動きさえあります）。

▶ 『あゝ野麦峠』の女工たち──

「明治150年」から50年前、「明治100年」記念事業が推進されていたちょうどその時（1968年10月）、刊行された一冊の本があります。『あゝ野麦峠　ある製糸工女哀史』（朝日新聞社）です。著者の山本茂実氏は書いています。

人はよく御維新とか、文明開化と簡単にいうが、鹿鳴館のはなやかさにしても、電信電話も、汽車も汽船も鉄砲も軍艦も、イルミネーショ

■Ⅰ 「明治」を考える

ンも、さては洋学、洋書や、技術者をよんでも、それは大変なゼニが必要だったはずである。そのゼニはどこから持ってきたのか？　ここが一番大事なところである。こういうことを無視して明治百年を論じても意味がない。

「明治」期、外国向け輸出商品のなかで最も大きな比重を占めていたのは生糸でした（以下、中村政則『労働者と農民』小学館）。総輸出価額の30～40％にのぼるといいます。対米貿易で生糸・羽二重などを輸出し、その獲得した外貨によって欧米から軍艦・兵器・鉄・機械・船舶などの軍需品・重工業製品を輸入するという構造になっていました。文字通り"生糸が軍艦にかわる"仕組みでした。

では、その生糸は、どこで、だれがつくっていたのでしょうか。農商務省商工局が1903年に刊行した調査報告書『職工事情』は、「生糸製造はほとんど女工の業」だと記しています。生糸工女の多くは16、7歳から21、2歳で、14歳以下の「練習工女」もいました。毎日の労働時間は、13、4時間以上で、長ければ17、8時間に達することもありました。長野県諏訪のある製糸工場の場合、始業は午前5時前で、終業は午後7時過ぎとなっています。

塵埃の多い職場での長時間労働、劣悪な環境での寄宿舎生活、一汁一菜の貧しい食事。それらが女工たちの命をすり減らし、病が身体をむしばんでいきました。1890年生まれの坂ノ上ジツは、長野県岡谷の製糸工場で病気になった妹が、岐阜県飛騨の親元に引き取られていった時

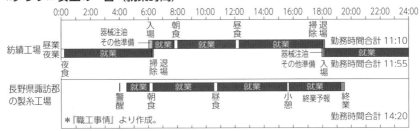

≪グラフ≫女工の一日（就業時間）

出所：『日清・日露戦争』（集英社版日本の歴史⑱）p.128 より

19

（1907年）のことを思い出して、つぎのように語っています（『あゝ野麦峠』）。

　私が信州の山一製糸へ入ったのに続いて、妹のあき（12）も同じ工場へ働きに来た。しかし2年くらい働いただけであきは腹膜炎になって工場の病室に寝ていた。病室には三十人くらいいた。胸の病気（注─結核）だとはっきりした人はすぐ家へ帰した。（中略）妹のあきもしばらくして家へ帰されてまもなく死んだ。13歳だった。百円工女になってカカマ（母）を喜ばせると気負って来たのに、青ざめて工場を出て行く時のあの悲しげな目をワシは一生忘れない。

　命をすり減らして働いていたのは、製糸女工だけではありません。『職工事情』は、織物職工、鉄工・硝子（ガラス）・セメント・燐寸（マッチ）・煙草・印刷など、職工がおかれていた過酷な労働実態を浮き彫りにしています。紡績工場の場合、昼夜2交替で、昼業部は午前6時から午後6時、夜業部は午後6時から翌朝6時まで、11時間から12時間近い労働時間です。夜業部は徹夜業です。鐘淵（かねがふち）紡績の場合、1899年の調査によれば、2433人の女工のうち、14歳未満が134人（4.2%）、14歳以上20歳未満が2015人（62.5%）いました。最年少は10歳10か月です（『職工事情』）。1910年ころ、工場労働の実態をみてまわった医師石原修は、女子労働者50万人のうち、結核による死者を、年間5千人と算定しています（鹿野政直『健康観にみる近代』朝日新聞社）。

　日本の産業化・近代化をたたえるなら、健康をむしばまれ、無権利状態で働かされていた若い女性たち（女工）のことを思い浮かべなければならないでしょう。また、資本家たちの抵抗によって、工場法の成立・施行を棚ざらしにしつづけた「明治」を忘れることはできません。「働き方改革」を掲げるのなら、そうした「明治」との対峙が不可欠です。

▶「真の文明は人を殺さず」──

　生糸に次ぐ輸出品は銅、ついで石炭でした。1907年の場合、生糸が39.9%、銅が6.8%、石炭が4.4%です（『週刊朝日百科 日本の歴史102』）。

I 「明治」を考える

　海外の銅需要に対応して、日本の産銅量は増加し、その8割前後が海外に輸出されていました。そして、1900年前後の時期、産銅量の3割近くを古河市兵衛が経営する足尾銅山が占めていました（同前）。山から掘り出した鉱石を砕き、水を流しながら銅分を取り出す選鉱所、これを精錬して銅にする精錬所が立ち並んでいました（中扉の絵を参照）。1万人近い人びとが働いていたといいます。精錬所の排煙で山ははげ山になっていました。廃水は川に流され、鉱毒は下流の渡良瀬川に被害をもたらしました。

　「明治150年」施策は、「明治」期の「技術や文化の強み」を強調していますが、ちょうど同じ時期、足尾銅山の流す鉱毒は、渡良瀬川の下流を浸し、数万町歩の田園を荒野に変えていたのです。古河鉱業の営業を停止してほしい、憲法と法律によって権利を守ってほしいと、田中正造は訴えました。被害民たちは3度にわたって請願のために大挙上京しようとして、官憲の弾圧にあっていました。

民を殺すは国家を殺すなり。法を蔑（ないがしろ）にするは国家を蔑にするなり。皆自ら国を毀（こぼ）つなり。財用を濫（みだ）り民を殺し法を乱して而（しこう）して亡びざるの国なし。（田中正造の政府に対する質問書、1900年2月）

　正造は「亡国」の思いをつのらせました。政府は輸出の花形＝銅をまもって、被害民を切り捨てたのです。

真の文明は山を荒らさず、川を荒らさず、村を破らず、人を殺さざるべし。

　田中正造の日記（1912年6月17日）のなかの言葉です（小松裕『真の文明は人を殺さず』小学館）。東日本大震災と福島原発事故を経た今、真剣に考えるべきは、「真の文明」の

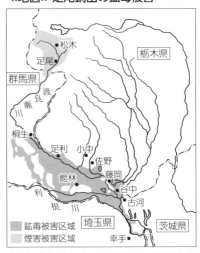

≪地図≫足尾銅山の鉱毒被害

出所：『館林市史　資料編6　近現代Ⅱ　鉱毒事件と戦争の記録』などから作成

あり方ではないでしょうか。

　銅山が鉱害を引き起こしていたのは、足尾だけではありません。1893年には愛媛県の別子銅山で煙害事件、1901年には秋田県の小坂銅山で煙害事件がおこっていました。

　一方、足尾銅山では、1907年、「明治」期でもっとも激烈な労働争議がおこりました。大日本労働至誠会が足尾銅山の坑夫たちを組織して、待遇改善などを要求していましたが、2月、ついに暴動化したのです。政府は軍隊を出動させて、これを鎮圧しました。この年、北海道の幌内炭鉱、四国の別子銅山をはじめ、全国各地の鉱山では、暴動をともなう労働争議が頻発していました。鉱山暴動が「明治」末年の日本を揺るがしていたのです。

▶囚人労働──

　では、輸出品第三位の石炭はどうでしょうか。政府の「明治150年」施策は、「明治期」の「技術や文化の強み」を強調しています。これと関って想い起こされるのは、2015年に世界遺産登録された「明治日本の産業革命遺産」です。山口・福岡・佐賀・長崎など8県に点在する製鉄・製鋼、造船、石炭産業に関する施設が該当します。日本側は、「非西欧世界における近代化の先駆け」としてこれを推進し、韓国は、第二次世界大戦中、長崎造船所や端島炭坑などに多くの朝鮮人が徴用され、犠牲者を生み出したとして、登録に反対しました。しかし、韓国側の反対とは別に、日本の側からみても、これらの施設には欠落させてはなら

≪表≫三池炭鉱の囚人労働　　　　　　　　　　　　　　　　　（単位人）

	坑夫数 (A)	囚人労働力 (B)	B/A (%)	採炭夫 (C)	C/A (%)	良民採炭夫 (D)	囚人採炭夫 (E)	E/(D+E) (%)
1889	73,420	9,799	13.3			651	1,309	67
1892	62,662	6,331	10.1	28,662	45.7			
1896						475	1,457	75
1897	96,579	10,106	10.5	26,519	27.5	420	896	68
1902	154,934	38,714	2.5	49,867	32.2	1,209	276	19

A、B、Cは1ヵ月延人数。
出所：大江志乃夫『日本の産業革命』p.188より

■I 「明治」を考える

ない重要な過去があります。登録されたのは「遺産」、つまり遺っていた「モノ」ですが、施設が稼働していた当時、そこで展開されていた社会関係・人間関係を思い浮かべてみなければなりません。

官営三池炭鉱の石炭は、輸出用として、正貨獲得の重要な財源となっていました（以下、大江志乃夫『日本の産業革命』岩波書店）。それを保障していたのは、囚人の労働です。1883年、三池には集治監（囚人を収容する監獄）が設置され（収容定員は2千人）、囚人たちが炭坑労働で酷使されていました。ただ同然の安上がりの労働力が、危険な現場に投入されていました。1889年、三井に払い下げられた当時、全坑夫の69％が囚人坑夫だったといいます。

これに対し三菱の高島炭鉱では、三池に対抗するため、納屋制度（労働者を飯場に収容して厳重な監視のもとに仕事をさせ、賃金の上前をはねる制度）を導入していました。端島炭坑（通称軍艦島）でも、納屋制度が敷かれており、これらの炭鉱では、ひんぱんに暴動が発生して、社会問題となっていました。また、九州の炭鉱に限らず、鉱山では爆発事故が頻発し、死傷者が続発していました。

▶産業革命と民衆

以上のように、日清・日露戦争の時期、国内では産業振興によって経済発展をはかる政策がすすめられていました。まず、製糸業・紡績業を中心とする軽工業で産業革命が進み、それが日清戦争後の軍備拡張を支えました。つづいて日露戦争前後、軍需産業を中心に製鉄業・造船業などの重工業が産業革命へと歩んでいきました。外貨獲得のため、エネルギー確保のために、銅・石炭などの鉱山業も増産を重ねました。

こうした産業を発展させるために資本金が必要だったのは言うまでもありませんが、同時に働き手の確保も重要な課題でした。繊維業を担ったのは、主に農村から出て来た若い女性たちでした。劣悪な環境での長時間労働は彼女たちの健康を蝕み、結核などの病気が流行しました。精銅業の煙は大気を汚染させ、排水が垂れ流された川では魚が死に、洪水

23

によって流出した鉱毒が流域の田畑を汚染しました。労働者は無権利状態で働かされ、都市ではスラムが拡大していきました。

女工の存在が地主・小作関係による農村の貧困と密接に関係していることは言うまでもありません。また、農村から都市への人口移動がそのままでは労働者化につながらず、都市部に下層社会を生み出し、深刻な都市問題となっていました。そして、このような新しい社会問題に対して、社会主義の思想や運動が起って来たことも、この時期の大きな特徴です。

▶北海道・沖縄にとっての「明治」──

囚人が使役されていたのは炭坑だけではありません。北海道の開発にも囚人労働が投入されていました。1881年以後、樺戸・空知・釧路などに相次いで設置された集治監（重罪犯を収容する監獄）の囚人たちが、道路の開削、鉄道の敷設、鉱山の開発などに駆り出されていました。北海道の北見市端野町緋牛内には、鎖塚とよばれる囚人の墓が2基残っています。1891年に完成した北見道路（旭川─網走間）の工事には、約1500人の囚人が服役させられ、死者は200人以上に及んだといいます。死亡した囚人は鎖をつけたまま土をかぶせられたり、埋められた土饅頭の上に鎖を置かれたりしました。1970年前後から、北海道各地で開拓における囚人、タコ労働、朝鮮人・中国人強制労働、少数民族問題など、底辺民衆の歴史を掘り起こす民衆史掘り起こし運動が盛んになりました。「鎖塚」はこの運動の象徴的な史跡として知られています。

他方、北海道の開発によって、アイヌの生活と文化は解体されていきました。明治維新によって「蝦夷地」は北海道と改称され、日本領に編入されました。その結果、もともとそこに居住していたアイヌの人びとも、「日本」に編入され、日本式の姓名で戸籍簿に登録されることとなりました。しかし、1878年には「旧土人」という新しい呼称がつくられ、他の「日本人」から区別（差別）されました。開拓の結果、アイヌの人びとの生活と文化は解体・再編されたのです。政府はアイヌの風俗・習慣を遅れたものとみなしてつぎつぎに禁止し、日本語や農業を奨励しま

した。そして、1899年、旧土人保護法を制定・施行して、政府が与える土地にアイヌを定住させ、農業に従事させる政策を進めていきました。「明治」はアイヌの固有性を否定する転機となったのです。

では、日本の南、薩摩のさらに南の「琉球」にとって、「明治」とは何だったのでしょうか。新政府は琉球を中国から切り離して日本に組み込む政策を進め、1872年、琉球王国を琉球藩に変えました。つづいて1879年、「琉球処分」によって沖縄県を設置しました。今日に至る沖縄問題の起源です。処分官松田道之は、沖縄の士族に対し、「処分」への抵抗をやめないなら、「土人」とみなされ、「亜米利加ノ土人、北海道ノアイヌ等」と同じことになると「告諭」しています（田中彰『明治維新』小学館）。沖縄に府県制が施行されたのは1909年で、他府県に遅れること約20年です。しかも、選挙権・被選挙権をせばめるなど、他府県とは異なる特別措置がとられました。衆議院議員選挙法が施行されたのは、「明治」末の1912年です（115ページ参照）。

▶もっと深く、もっと豊かに──

「明治」を語るなら、アイヌにとっての、沖縄にとっての視点を欠くことはできません。さらに、女工にとっての、坑夫にとっての、鉱毒被害民にとっての、「明治」を問わなければならないでしょう。様々な「にとって」の視点で、過去を点検・検証してみることが大切です。

歴史は、一部の人間の業績や、一国の思惑だけで成り立っているのではありません。「文明開化」「富国強兵」の掛け声のもと、急ピッチで近代化の道を進んでいった日本。そこには生まれたばかりの赤ん坊から高齢者まで、住んでいる地域も様々、姿かたちも個性も異なる多くの人びとが日々を送っていました。1880年の統計（『内務省年報・報告書』別巻1による）では、男性約1800万人、女性約1760万人です。身分別では、皇室・皇族37人、華族3073人、士族183万8495人、平民3377万6910人、年齢別では、7歳未満580万3597人、7歳以上852万2943人、20歳以上1471万9043人、50歳以上635万3397人、80歳以上17万

6874 人、となります。数字では "1" ですが、そのそれぞれが一回だけ
のかけがえのない人生を生きていたのです。

　自由民権運動から日露戦争後までの時代も、このような多くの人びと
の日々の暮らしから成り立っていました。そして、日本以外の国々、た
とえば隣の中国や朝鮮でも、同じように膨大な人びとが、同じ時代を生
きていたのです。このことを忘れてはなりません。特定の政府指導者の
エピソードにたよる安易な歴史ではなく、その時代に生きた人びとのこ
とを思い浮かべ、その歴史に近づいていく努力を大切にしたいと思いま
す。すべての人を「日本人」としてひとくくりにするのではなく、また、
「日本人」の立場だけにとらわれるのではなく、もっと豊かな目で歴史
を見ていきたいものです。

(2) 「明治」と「天皇の国」

①「明治」への転換と天皇制

▶「明治」改元──王者の時間──

　「明治 150 年」が、なぜ 2018 年なのでしょうか。政府の推進室は「明
治元年（1868 年）から起算して満 150 年の年」だからだ、としました。
たしかに、「明治」とは、1868 年 9 月に採用された新しい元号に由来す
る言葉です。しかし、「明治元年」がどういう年なのかには、まったく
触れていません。

　「明治 100 年」の記念式典も、「明治 150 年」の記念式典も、10 月 23
日に開催されました。なぜ、この日なのでしょうか。年号が、この日、「慶
応」から「明治」にかわったからだといいます。しかし、単に年号がか
わっただけではありません。この日から天皇一代は同じ年号を用いる制
度（一世一元制）がスタートしたのです。

　年号（元号）とは年につける称号のことで、起源は中国にあります。
統治者は土地人民だけでなく、時間をも支配するという思想にもとづい

て、年号の制定は統治者の特権とされていました。また、その年号を使用することは支配に従うことを意味していました。この制度は、中国文化の影響を受けた朝鮮・日本など周辺の諸国にも広まりました（以上、小学館『日本大百科全書』）。

　日本の元号は 645 年の「大化」に始まるとされています。しかし、改元は天皇の代替わりの時だけでなく、目出たいことや変災があった時、また、干支の辛酉・甲子の年などに、しばしば行われてきました。ちなみに、明治天皇の父、孝明天皇は「弘化 3 年」（1846 年）に即位しましたが、以後 1866 年までの在位 20 年間に、「嘉永」「安政」「万延」「文久」「元治」「慶応」と、6 回も年号が変わっています。

　新政府は、「明治」とともに、年を天皇の治世と一体化させる方式を採用しました。「明治」初期は、「戊辰」（1868 年）、「壬申」（1872 年）のように、年を干支で呼んだり、元号と干支を併用していました。「戊辰戦争」「壬申戸籍」といった呼び方や、「明治 4 年辛未」「明治 5 年壬申」といった記載方法がそれを示しています。

　しかし、次第に年を、時代を、歴史を、天皇の治世とともに認識する感覚が日常化させられていきました。そして、1889 年、大日本帝国憲法と同時に制定された皇室典範は、「践祚ノ後元号ヲ建テ一世ノ間ニ再ビ改メザルコト明治元年ノ定制ニ従フ」と規定して、これを制度化しました。こうして、日本の国家と国民は、「明治」という時代とともに、天皇の即位に始まり死去によって終わる時間の区切りのなかに封じ込められることになりました。「明治」とともに、天皇中心の時間観念が登場し、天皇は時間をも支配することになりました（それは、現在もつづいています）。

　「明治」に改元した頃（1868 年 10 月）、新政府は民衆に対して「御国恩は広大にして、極まりなし」と、天皇のありがたさを説き、日本は「天皇の国」だと宣言していました。この国のありとあらゆる物は、すべて「天子様の物」だというのです。年の呼び方までが、「天子様」と一体になりました。

▶祝祭日の組み換え——

　天皇による時間の支配は、国民の祝祭のあり方にも及びました。1873年、政府は江戸時代、民間に広がっていた「五節供」（1月7日、3月3日、5月5日、7月7日、9月9日）などの年中行事や民間習俗を廃止・禁止するとともに、皇室の祝いごとや祭りごとを国民の祝祭日として制定しました。これによって、新年節（1月1日）、元始祭（天皇の位が始まったことを祝う宮中祭日、1月3日）、新年宴会（天皇主催の宮中宴会、1月5日）、孝明天皇祭（前天皇が死去した日、1月30日）、紀元節（神武天皇が即位したとする日、2月11日）、神武天皇祭（神武天皇が死去したとする日、4月3日）神嘗祭（天皇が新米を伊勢神宮に供える日、10月17日）、天長節（天皇の誕生日、11月3日）、新嘗祭（天皇が新米を神に供えみずからも食べる日、11月23日）が祝祭日となりました。天皇家の祝祭を国家・国民の祝祭にしたのです。

≪表≫　祝祭日─近代から現代へ

[近代]	➡	[現代]
新年節（四方拝、1月1日）　➡		元日
元始祭（1月3日）		
新年宴会（1月5日）		
先帝祭　　〔明治期〕孝明天皇祭（1月30日）		
→〔大正期〕明治天皇祭（7月30日）		
→〔昭和期〕大正天皇祭（12月25日）		
紀元節（2月11日）　➡		建国記念の日〔1967年〜〕
春季皇霊祭（春分）　➡		春分の日
神武天皇祭（4月3日）		
秋季皇霊祭（秋分）　➡		秋分の日
〔昭和期〕天長節（4月29日）➡		天皇誕生日→みどりの日→昭和の日
神嘗祭（10月17日）		
天長節（11月3日）→〔昭和期〕明治節　➡		文化の日
新嘗祭（11月23日）　➡		勤労感謝の日

I 「明治」を考える

　とはいえ、これは民衆の日常生活に深く根差してきた習慣との間で摩擦を引き起こさざるをえず、容易には浸透しませんでした。しかし、やがて教育の場などをテコとして地域社会のなかに貫徹させられていくことになります。

　天皇制の祝祭日は、1891年、小学校祝日大祭日儀式規程が定められ、学校を通じて本格的な定着がはかられていきます。四方拝（新年節）・紀元節・天長節の三大節（1927年からは明治節を加えて四大節）には登校し、儀式に臨まなければなりませんでした。1893年には、祝日大祭日のための唱歌が選ばれます。「君が代」「紀元節」などの歌です。

　第二次世界大戦後、1948年制定の「国民の祝日に関する法律」で、従来の「祝日大祭日」は廃止され、新たに国民の祝日が定められました。その結果、新年節は「元日」に、天長節（「昭和」期は4月29日）は「天皇誕生日」に、明治天皇の誕生日（「昭和」期の明治節）は「文化の日」に、新嘗祭の日は「勤労感謝の日」になりました。その後、1967年に紀元節は「建国記念の日」としてよみがえりました。

▶「万世一系」の証明──

　王政復古の大号令はすべて「神武創業ノ始ニ原ヅ」くと宣言し、「神武天皇」の建国神話を明治天皇とその建国事業の上に重ねあわせました。やがて両者の間は「万世一系」の糸で結び合されていきます。大日本帝国憲法は天皇が「万世一系」であることを冒頭で強調し、憲法発布にあたっての勅語は、天皇の大権の根拠を「祖宗」、つまり歴代の天皇にもとめました。同時に定めた皇室典範でも「皇位」は「祖宗ノ皇統」によるとし、その正統性の根拠を「祖宗ノ神器」（三種の神器）にもとめました。

　三種の神器とは、皇位のしるしとして歴代の天皇が受け継ぐ三種の宝物のことで、八咫鏡、草薙剣（天叢雲剣とも呼ばれる）、八坂瓊曲玉の3つがそれです。八咫鏡は伊勢神宮の御神体、草薙剣は名古屋の熱田神宮の御神体とされており、宮中にはその代わりの鏡と剣があり、玉

29

とあわせて、皇位継承の“証明”となっています。

　しかし、「万世一系」の初代である神話のなかの天皇、神武天皇の“存在”を証明するためには、いくつかの前提となる手続きや作業が不可欠でした。まず、墓です。

　幕末期、天皇陵の考証がすすめられ、歴代天皇の墓が“確定”されていきました。もちろん、考古学以前の作業ですが、これにもとづいて陵墓の整備が進められました。その結果、歴史上では実在しない架空の天皇の陵が出現したり、現在から見ると、指定の間違いによって実際に埋葬されている者と一致しない陵が多数出現することになったといいます。また、この修築によって、墳丘が「陵」に造りかえられたり、規模が拡張されたりするなど、さまざまな変形が加えられました。それは、むしろ“古墳づくり”と言ってもよいものでした。

　さらに「明治」期にはいって、1874年から83年にかけて一部の天皇陵・皇后陵と大量の「墓」が決定され、その改修がすすめられました。そして、大日本帝国憲法発布の年である1889年、未決定だった13の天皇陵が決定され、実在しない天皇も含め、歴代天皇の墓がすべて“確定”されることになったのです。

　一方、天皇の系譜と代数を整理する作業もすすめられました。もともと誰を天皇に数えるか、それをどう呼ぶかは、時代と立場によって必ずしも一定していませんでした。しかし、政府は南朝を正統として歴代を数え、1891年には皇統譜（天皇・皇族の身分・系譜を登録する帳簿）を編纂しました。南朝だけを正統と見なす立場は、1911年の南北朝正閏論争（32ページ参照）を経て確定しましたが、代数の数え方を確定したのは1926年のことです。

　こうして確定されていった「神武」にはじまる「万世一系」の天皇名が、教育をつうじて記憶のなかに刻み込まれていきます。作られた天皇神話と虚実とりまぜた天皇エピソードが、さまざまな機会に語られ、人びとの意識に注入されていきました。

■I　「明治」を考える

▶神道祭祀と天皇制──

　政府は、維新草々の 1868 年 3 月、祭政一致（祭事と政治は一体であるとする立場）と、神祇官（神祇祭祀を管轄した古代の官職）の再興を布告するとともに、神前で「5 箇条の誓文」を神に誓う儀式をおこないました。さらに神仏判然令を発して神仏習合（日本固有の神の信仰と仏教の信仰が融合すること）を否定し、神社から仏教的な要素を排除しようとしました。そして、1871 年には神社の社格を定めて、その体系化をはかっていきました。つまり、主要な神社 97 社を官社として神祇官が管轄し、その他の神社は諸社（府社・藩社・県社・郷社・村社）として地方官が管轄することとしました。また、それ以外の神社は無格社としました。こうした神社の頂点に位置づけられたのが、皇室の祖先神とされる「天照大神」をまつる伊勢神宮であり、天皇家の神々でした。

　天皇は政治的な存在であるとともに、皇室神道の中心となる宗教的な存在でした。憲法発布を目前にした 1889 年 1 月には、宮中に 3 つの新しい神殿が造営されました。「天照大神」をまつる賢所、天皇家の歴代の霊をまつる皇霊殿、天皇を守護する 8 神をまつる神殿の 3 殿です。宮中のすべての儀式は、この 3 殿を要として挙行されることになりました。「三種の神器」の一つ、「鏡」は賢所の神体で、“現物”は伊勢神宮にあるとされます。「剣」は熱田神宮の神体であり、これらの模造物と玉〈璽〉が宝物として宮中に保管され、皇位の証しとされました（29 ページ参照）。

　他方、近代天皇制にかかわる新しい神々が誕生していきました。南朝の「忠臣」をまつる神社として、湊川神社（祭神は楠正成）などがつくられ、1890 年には神武天皇をまつる橿原神宮が、92 年には後醍醐天皇をまつる吉野宮が、95 年には桓武天皇をまつる平安神宮などがつくられていきました。

　明治天皇もまた死去すると、神になりました。全国の青年団・宗教団体などの労働奉仕と献木・献金運動が組織され、1920 年、明治神宮が誕生したのです。内苑には皇室の「御料地」があてられました。大葬（明

31

治天皇の葬儀）の斎場である青山練兵場は外苑となって、そこにつくられた大競技場（現在の国立競技場の地）では、1924年から明治神宮体育大会が開かれることになります。明治天皇の「御神霊」に“国民の親愛、国家の繁栄をお見せする”ためでした。

②教化・強制と精神統合のシステム

▶軍事・教育と天皇制──

　1882年1月、軍人勅諭が下付されました。それは、他の詔勅とは異なって、「大元帥」である天皇が直接軍人に与える形式をとり、天皇の軍隊としての性格を強調するものでした。勅諭の精神は、強制と教育を通じて、兵士たちの意識と身体に刻み込まれていくことになります。

　天皇は教育にも直接に関与しました。帝国憲法発布の翌年（1890年）、天皇自らが教育勅語を内閣総理大臣と文部大臣に下付しました。忠孝を基本とする儒教的な徳目を掲げた勅語の謄本は、以後、天皇の肖像画の写真（「御真影」）とともに全国の学校に配付され、祝祭日ごとに儀式で読み上げることが義務づけられていきました。それは、国民が守るべき絶対的な道徳として強制されたのです。天皇像の教育は、教育内容の面でも、さまざまな機会を通じて実践されました。歴史はもちろん、修身・国語・唱歌などを通じて、“総合”的・“系統”的に天皇像の注入がはかられました。

　こうして、国民すべてが通過する学校教育の場と、通常、青年男性が通過する軍隊の場で、つねに天皇に対する国民のあり方が強調されました。そして、それは地域社会に流れ込むことを通じて、民衆の日常意識のなかに刷り込まれていきました。

　1911年、国定教科書に南朝と北朝の2つの朝廷が同列に記述されていることが新聞や議会で問題化しました（南北朝正閏問題）。ちょうどこの時におこっていた大逆事件（34ページ参照）と関連づけた教科書攻撃に対し、桂太郎内閣は南朝が正統であると決定し、教科書の編者を

Ⅰ 「明治」を考える

> ≪資料≫教育勅語（1890年10月30日）
> 朕惟うに我が皇祖皇宗国を肇むること宏遠に、徳を樹つること深厚なり。我が臣民克く忠に克く孝に、億兆心を一にして世々厥の美を済せるは、此れ我が国体の精華にして、教育の淵源亦実に此に存す。爾臣民父母に孝に兄弟に友に、夫婦相和し朋友相信じ、恭倹己れを持し博愛衆に及ぼし、学を修め業を習い、以て智能を啓発し徳器を成就し、進で公益を広め世務を開き、常に国憲を重じ国法に遵い、一旦緩急あれば義勇公に奉じ、以て天壌無窮の皇運を扶翼すべし。是の如きは独り朕が忠良の臣民たるのみならず、又以て爾祖先の遺風を顕彰するに足らん。
> 斯の道は実に我が皇祖皇宗の遺訓にして、子孫臣民の俱に遵守すべき所、之を古今に通じて謬らず、之を中外に施して悖らず、朕爾臣民と俱に拳々服膺して咸其徳を一にせんことを庶幾う。

≪絵≫教育勅語の奉読

休職処分にしました。改訂された教科書では、「南北朝」の項が「吉野朝」となり、以後、南朝こそが正統とされていきました。

▶「国体」と思想弾圧──

　近代の日本では、天皇・天皇制の変革をめざす取組みは、「凶悪犯罪」と見なされました。1880年制定（82年施行）の刑法には、「皇室ニ対スル罪」があり、天皇・皇后・皇太子らに対して危害を加えたものに関する大逆罪と、不敬の行為をなしたものに関する不敬罪が規定されていました。

　これらは、1907年の全面改正（旧刑法）でも基本的に受け継がれ、1947年の廃止に至るまで、天皇・天皇制にかかわる思想・学問・宗教の弾圧に威力を発揮しました。また、出版法（1893年）も、新聞紙法（1909

年）も、「皇室ノ尊厳ヲ冒涜」することを禁じました。さらに、1925年の治安維持法は、私有財産制度の否認に先立って「国体」変革、つまり天皇制の変革を厳罰に処すこととし、28年には最高刑を死刑としました。天皇制を批判することは、許しがたい犯罪とされていたのです。

大逆罪には通常の刑罪とは異なって死刑しかなく、裁判も最高裁判所にあたる大審院だけが担当することになっていました（通常の裁判は3審制）。しかも、実行・未遂だけでなく、危害を加えようとしたものも死刑に処すとしていたので、その意思をもっていると当局が見なせば、処罰することができる仕組みとなっていました。

1910年6月、政府は明治天皇の暗殺を計画したとして社会主義者の一斉検挙を行い、翌年1月、幸徳秋水ら24人に死刑を宣告して、うち12人を絞首刑にしました（大逆事件）。大逆罪の規定は、この大逆事件、1923年の虎ノ門事件、朴烈事件などに発動され、天皇制に刃向かうものには厳しい処罰が待ち受けていることを強く印象づけました。不敬罪は、自由民権期には民権派の天皇制批判を封じ、社会主義・共産主義の運動が起こると、これをおさえるために発動されました。また、1920年代から30年代にかけては、新興宗教を抑圧するために動員され、40年代には民衆の不満にねざす噂や流言にも発動されました。

こうして、権力は法の網の目で天皇制を防衛するとともに、天皇制に対する批判は、国家に反逆する悪逆非道の許しがたい行為であるという社会的な意識を作り上げていきました。新聞などのメディアは、こうしたとらえ方を拡大再生産し、増殖させていきました。

法を盾として実際の取締まりにあたったのは、「明治」とともに登場した警察です。大逆事件をきっかけとして、1911年、まず東京に、翌年、大阪に、「特高」（特別高等警察）が登場し、1928年には全国に配置されました。「特高」に対しては、1930年前後の時期、「国体への反逆者」を殲滅することが要請されました。30年代半ばには、全警察官に対して、「陛下の警察官」精神をもつことが求められました。

I 「明治」を考える

▶栄誉と恩賜──

　帝国憲法は第15条で「天皇ハ爵位勲章及其ノ他ノ栄典ヲ授与ス」と定め、天皇の「栄典大権」を規定しました。これにもとづき、国家に功績があった者には、天皇がそれぞれの功績に応じて勲章を授与しました。また、軍人の栄誉に対しては、1890年2月11日、金鵄勲章がつくられました。「神武天皇」東征時、天皇の弓にとまった金色の鵄が敵を眩惑・圧倒したという神話にもとづくものです。以後、1947年の廃止までに授与者は10万人を越えました。

　一方、天皇制に対する「反逆」に、死刑を含む"鞭"で臨んだ権力は、他方で恩赦という"飴"を併用しました。それは、大逆事件の際の措置に象徴されます。死刑判決が24人に出されましたが、判決の翌日、天皇の特赦によって半数を無期懲役に減刑したのです。このような恩赦は天皇大権に属すものとされ、1912年には恩赦令が定められます。帝国憲法の発布、天皇の代替り、植民地の拡張などとかかわって、恩赦は集中的に実施されました。

　また、大逆事件後の1911年には済生に関する勅語を発布して、皇室財産から150万円を下付し、これをもとに恩賜財団済生会が設立されました。この財団は、以後、病院や診療所をつくり、貧困層に対する医療活動をすすめていきました。天皇制は社会事業にも深く関与しました。このほか、たとえば1924年、公園・動物園が東京市に「下賜」され、上野恩賜公園、恩賜上野動物園となったように、金・施設・物を「下」に「賜」うという天皇の行為を通じて、民衆を天皇の「恩」のなかに取り込もうとしました。

≪写真≫金鵄勲章

▶聖蹟と天覧──

　明治天皇は頻繁に各地に出向きました（行幸と呼んでいます）。とくに「明治」の初め、6回にわたって全国各地をまわりました。1872年の近畿・中国・九州地方、76年の東北地方、78年の北陸・東海地方、80年の中央道地方、81年の東北・北海道地方、85年の山陽道地方の巡回を、6大巡幸と呼んでいます。それは、民情の視察とあわせて、君主である天皇の存在を広く民衆にアピールしようとするものでした。天皇が訪れた跡には、やがてその地が「聖蹟」であることを証明する石碑が建てられていきました。「行在所」（宿泊所）・「御小休所」（休憩所）などの標石は、その地域が天皇と直接に出会ったことを記憶させ、思い起こさせる役割を果たし、栄誉の証明ともなりました。日本近代の歩みとともに、全国はこのような「聖蹟」網でおおわれていくことになります。

　文化やスポーツもまた、天皇の権威と結びつくことによって、その権威を手に入れていきました。和歌と天皇制のかかわりは古代以来ですが、前近代からの歌会始の伝統を継承しながら、1879年、天皇の前で選ばれた歌を差し出す方式が固まったといいます。

　江戸期、庶民のなかで成長してきた歌舞伎は、明治

≪地図≫6大巡幸

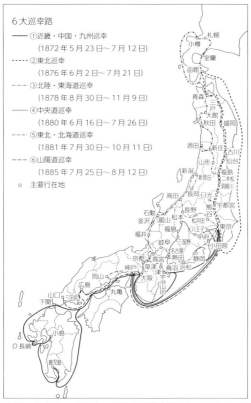

出所：多木浩二『天皇の肖像』（岩波新書）p.76、などから作成

■I 「明治」を考える

維新後、演劇改良の流れのなかで政治との関わりを深め、1887年4月、井上馨外相邸の天覧劇に至ります。天皇が鑑賞する前で上演することが、"このうえない栄誉"となったのです。これに先だって能については、1876年に最初の天覧能が催されていました。相撲でも、1880年前後からしばしば天覧相撲が挙行されました。1925年4月には、摂政宮（昭和天皇）の誕生祝に天覧相撲が催され、その折の「下賜金」は翌年「賜杯」となって、優勝力士の栄誉を証明していきます。競馬もまたしばしば天覧に供されました。1906年12月、横浜根岸競馬場で催された「第一回帝室御賞典競争」の折には、「帝室」から「御賞典」が下賜され、これはその後も継承されていきました。1920年代半ばからは、皇室は野球や陸上をはじめ各種スポーツの奨励者として、その姿を人びとに印象づけていくことになります。

▶菊の紋章──

　菊の紋（菊花紋章）は、皇室の紋章として知られています。しかし、近代以前、菊の紋は必ずしも皇室だけの紋章ではありませんでした。菊の花は、平安時代、宮中の鑑賞や薬・食物などに用いられ、衣服や調度の文様としても大いに好まれました。鎌倉初期になって、後鳥羽上皇がとくに菊の文様を好み、その後、後深草上皇・亀山上皇・後宇多法皇もこれにならったことから、菊花紋は次第に天皇家の紋章になっていったといいます。ただし、使用が規制されていたわけではなく、貴族や大名にも様々な菊花紋を用いるものが多くあり、必ずしも皇室だけの紋章に限定されていたわけではありません。また、功績のあったものに天皇が菊花紋を下賜することもありました。

　しかし、こうした状況は明治新政府の成立とともに一変します。天皇家以外が菊花紋を用いることを原則として禁止したからです。まず、1868年、政府は提灯・陶器・着物な

十六弁八重表菊

どに「御紋」を私的につけることを禁止しました。つづいて翌年、親王家の菊花紋について、花弁は14、5枚以下か裏菊等を用いて「御紋」と区別するように命じ、十六弁の菊花紋の使用を禁止しました。また、これまで「菊御紋」を用いてきた社寺について、今後、神社は伊勢、八幡、上・下賀茂、寺院は泉涌寺（皇室の菩提寺）・般舟院（皇室由緒の寺）のほかは一切使用を禁止するとしました。ただし、格別に由緒のある社寺は由緒書を提出するようにと、届け出を命じました。そして、ついに1871年、今後、「菊御紋」は由緒の有無にかかわらず、皇族のほかはすべて禁止するとしたのです。この時、十四弁一重裏菊が親王以下の皇族共通の紋章として図示されました。また、「御紋」に紛らわしいものの使用も禁止しました。こうして、ごく一部の例外を除いて菊花紋の使用を禁止し、天皇家だけが独占することにしたのです。

　天皇家の菊花紋の形状は、1889年の宮内省達で正式に図示され、菊花の中心の円の直径と菊花の大きさの割合は3対38とされました。さらに、1926年公布の皇室儀制令で厳密化がはかられ、天皇・太皇太后・皇太后・皇后・皇太子・皇太子妃・皇太孫・皇太孫妃の紋章は、十六弁八重表菊と規定されました。

　一方、1900年、内務省は「菊御紋章」禁制に関する基準を訓令して、命令に従わない者は行政執行法によって処分するとしました。すでに前年公布の意匠法と商標法は、それぞれ登録を認めない意匠・商標の第一に、「菊花御紋章」と同一もしくは類似の形状・模様を持つものをあげていました。さらに内務省は1929年、「菊御紋章類似図形取締内規」を定めて、「類似図形」と見なして使用禁止の対象とすべきものを詳細に規定しました。菊花紋様で花弁の数が十二弁以上、二十五弁以下のものは、付帯物の形、花心の図様の如何を問わず、「御紋章類似」として取り締まるとしたのです。

　なお、皇室儀制令は1947年5月2日に廃止されたため、現在、皇室の紋章に関する法的な規定はありません。

③天皇のもとの政治運営

▶天皇の政治──

　1889年2月11日に制定された大日本帝国憲法は、「万世一系」の「神聖ニシテ侵スベカラ」ざる天皇を、国家機構の頂点に位置づけました。天皇は国の「元首」であり、統治権の「総攬(そうらん)」者でした。天皇は「帝国議会ノ協賛」によって立法権を行使し、「国務各大臣」の「輔弼(ほひつ)」によって行政権を行使し、司法権は天皇の名をもって裁判所が行うことになりました。三権分立といっても、それらすべての権力は天皇のもとに一元化され、天皇はすべての権力の源の位置に据えられていました。

　天皇のもとには、立法・行政・司法の各機関とは別に、諮問機関である枢密院がおかれました。これを構成するメンバーは、おもに藩閥官僚勢力でした。帝国議会は二院から構成されましたが、公選制は衆議院に導入されただけで、貴族院は皇族・華族と天皇が任命する議員から成り立ち、皇室の"藩屏(はんぺい)"（守護する垣根）の役目を果たしました。それぞれの国務大臣は天皇が任命し、それぞれは天皇に対して単独で責任を負っていました。

　天皇制は、このような政治を直接に担当するさまざまな機関とは別に、天皇の統率に服する膨大な軍事に専属する集団をかかえていました。陸海軍に指揮・命令する統帥権は内閣・議会が関与できない領域とされ、軍隊の指揮・運用を担当する軍令機関（陸軍参謀本部・海軍軍令部）は天皇に直属していました。また、

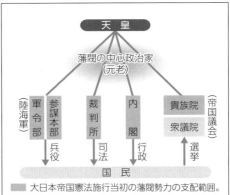

≪図≫近代天皇制の仕組み

■ 大日本帝国憲法施行当初の藩閥勢力の支配範囲。この時期には枢密院、内大臣は積極的な役割をもたないので省略。

出所：『高校日本史A 新訂版』（実教出版）p.88

軍令機関だけでなく、陸軍大臣・海軍大臣も内閣とは無関係に直接天皇に軍事に関して進言することができました（帷幄上奏権）。

　こうして、帝国憲法とともに成立した戦前日本の政治の仕組みは、制度のうえで、天皇のもとに絶大な権力を集めていました。しかし、実際の政治運営の際には、意思決定の権限が天皇・内閣・議会に分けられていました。しかも、執行を担当する内閣でも、権限は国務各大臣に分けられていました。制度のうえで内閣に関する規定はなく、また、内閣は連帯責任制をとっていなかったのです。このような多元的なシステムは、一面で、つねに国家意思が分裂する危険性をはらむものでしたが、同時に、他面で、天皇親政から政党内閣制までを許容することができる柔軟性をもつものでもありました。

　このような立法・行政・司法・軍事を含めた天皇制国家のシステムは、基本的には壮大な無責任の体系であったともいえます。天皇は統治権を総攬するにもかかわらず、政治的には無責任でした。他方、国務大臣の責任は輔弼にあり、政治的には無権限でした。また、内閣に対して統帥権（軍隊を指揮・命令する権限）は独立しており、陸軍大臣・海軍大臣は内閣から独立した位置を占めていました。軍事はまた、軍令（作戦・用兵に関する統帥事務）と軍政（軍の建設・維持・管理に関する行政）に分離し、陸軍と海軍はしばしば対立しました。

▶皇室典範と皇室制度

　帝国憲法と同じ日、皇室制度の基本的なあり方を規定する皇室典範が定められました。皇室典範のもとに成立した皇室令の体系は、憲法の体系と並び立つものであり、議会が関与することのできない法の領域とされました。皇室典範は、天皇の「譲位」を認めず、「女帝」を否定しました。他方、皇位の継承は男系の長男によることとし、養子も禁じました。

　皇室典範にもとづいて成立した皇室制度には、日清戦争後、本格的に整備と手直しが加えられました。1898年、首相伊藤博文は天皇に皇室改革などに関する意見書を提出し、翌年、宮中に伊藤を総裁とする帝室

■I 「明治」を考える

≪資料≫皇室典範（1889年2月11日）
第1章　皇位継承
　　第1条　大日本国皇位ハ祖宗ノ皇統ニシテ男系ノ男子之ヲ継承ス。
　　第2条　皇位ハ皇長子ニ伝フ。
　　第3条　皇長子在ラザルトキハ皇長孫ニ伝フ。皇長子及其ノ子孫皆在ラザルトキハ皇次子及其ノ子孫ニ伝フ。以下皆之ニ例ス。
第2章　践祚即位
　　第10条　天皇崩スルトキハ皇嗣即チ践祚シ祖宗ノ神器ヲ承ク。
　　第11条　即位ノ礼及大嘗祭ハ京都ニ於テ之ヲ行フ。
　　第12条　践祚ノ後元号ヲ建テ一世ノ間ニ再ビ改メザルコト明治元年ノ定制ニ従フ。

制度調査局が設置されました。以後、1903年にかけて各種の皇室令が起草され、1907年から皇族会議令・皇室祭祀令・登極令・摂政令・立儲令・皇室親族令・皇室身位令・皇室財産令・皇室会計令などの皇室令が定められていきました。このうち、天皇の即位儀礼を規定したものが登極令です。これにもとづく新天皇即位の大典（即位礼・大嘗祭・大饗）は、1915年の「大正」と、28年の「昭和」の2度にわたって、大々的に実施されました。この一大イベントは、天皇制のもとに国民を統合するため、絶好の機会として活用されました。

　一方、天皇のもとには膨大な資産が蓄積されていきました。1884年から90年にかけて、政府は政府所有の日本銀行・横浜正金銀行株、日本郵船株や、山林原野などを皇室の所有に移し、膨大な皇室財産を確保しました。その結果、天皇家は350万町歩（約34720㎢、関東7都県より広い）を有する日本最大の地主となり、1000万円に及ぶ株を所有する有数の大株主となりました。帝国憲法の制定以後、その規定にもとづいて国庫から支出される皇室費と、資産運用による増殖、林野収入を合わせて、天皇家はその財政的な基盤を固めていったのです。

41

▶初期議会期の天皇制──

　憲法に定められた制度のもとで、実際に政治運営の実権を握り、政治を牛耳っていたのは、元老とよばれる非公式の特権的な政治家集団でした。元老の存在と権限は、憲法をはじめいかなる法にも規定されてはいませんでした。しかし、彼らは憲法制定当初の約 10 年間、自らが政権を担い、その後も後継首相の推薦をはじめ、国家の基本路線の検討や、国策の実質的な決定にあずかりました。

　初期の議会で、軍事予算を通過させようとする藩閥政府と、民力休養を掲げる民党とは、はげしい対立を演じました。その際、天皇はしばしば藩閥勢力の支持者・救済者の役割を果たしました。民党連合の攻勢にあって政府が窮地に立った第二議会の折（1892 年 1 月）、枢密院議長であった伊藤は、辞職して天皇主権主義の政党を組織したいと天皇に申し出ました。しかし、天皇はこれを認めず、伊藤は断念せざるをえませんでした。つづく 2 月の第二回総選挙の折、政府は大々的に選挙に干渉しましたが、天皇はこの選挙に際し、皇室財産から選挙費用を提供して、藩閥勢力を支援したといいます。

　1893 年初頭、憲法第 67 条にもとづく予算制定の権限を拠り所として予算の通過をはかろうとする政府と、内閣弾劾上奏案を可決してこれに対抗する衆議院との間で、政局は紛糾を極めました。その折、詔勅を発して政局の収拾をはかったのも、天皇でした。

　このほかにも、諸勢力の間に係争点が生じた際や、元老の意思が分裂した際に、天皇はしばしば公式・非公式にその意思を表明して、事態を収束させました。

▶日清・日露戦争期の天皇制──

　1889 年の帝国憲法において、陸海軍の統帥者としての天皇の法的な位置は確定し、宣戦・講和は天皇の大権に属しました。それは、まず、近代日本最初の対外戦争である日清戦争の折に証明されました。日清戦争への開戦を主導したのは、周知のように陸奥宗光外相を中心とする政

府側であり、天皇はその中心にはいませんでした。したがって、最終局面において宣戦の決断を求められた天皇は、その不満をあらわにしました。この戦争は自分の戦争ではないといった趣旨の発言です。

　しかし、開戦後、天皇は広島に赴いて大本営で起居し、全軍を統帥しました。もちろん、実際に戦争指導にあたったのは陸海軍と政府であり、天皇は単にこれをオーソライズしたに過ぎません。それにもかかわらず、こうした大元帥としての天皇の姿は、すべてを自ら決する君主というイメージを確立するのに大きく役だちました。そして、日清戦争の勝利は、戦争を指導した君主として、天皇の権威を飛躍的に高めました。こうして、天皇は対外戦争の勝利を転機として、国家的・国民的なシンボルとなり、天皇制は国民的な基盤を獲得することになったのです。

　日清戦争後、天皇制をめぐる権力構造は大きく変容しました。天皇の諮問にこたえる機関である枢密院の機能は弱体化・形式化し、また、天皇の側近勢力も次第に死去しました。これにともなって元老が天皇の実質的な最高顧問機関となっていきました。また、伊藤博文を総裁とする立憲政友会が、旧自由党系の勢力を吸収して結成されるとともに、他方、官僚集団としての山県閥が形成され、官僚と政党が対立しながら提携する体制が成立していきました。元老の間の意見対立や、さまざまな勢力の間の対立が出現するにつれて、調整役としての天皇の役割が高まり、天皇の個人的な意思が意味をもつ度合いも強まっていきました。

　日露戦争の開戦に際しても、天皇は今回の戦は自分の志ではないと独り言を言ったといいます。しかし、それは、万が一戦いに敗れたら祖先に対して顔向けができないという趣旨のものでした。相手は大国ロシアです。実際にも、旅順攻略戦が典型的に示すような苦戦をしいられました。しかし、この戦争で結果的に勝利したことは、天皇の権威を絶対的なものにしました。

▶東アジアの君主制──

　日清戦争後の1897年、清からの自立をはかった朝鮮は、国号を大韓

にあらため、国王がその皇帝に即位しました（以下、『新しい東アジアの近現代史』下、日本評論社）。そして、1899年、「大韓国国制」を定めて、その政治は万世不変の専制政治であり、皇帝の権力は無限であると規定しました。しかし、日露戦争で勝利した日本は、1905年、韓国を保護国とし、ついで1910年、韓国併合によって大韓帝国を消滅させました。その結果、朝鮮（韓国）の君主制は消滅しました。

　中国では、1895年、日清戦争に敗れた後、一時、改革運動がおこりましたが、挫折してしまいました。日露戦争での日本の勝利は、専制に対して立憲制が勝利したものと受けとめられ、立憲制の実施を求める動きをうながしました。清朝は立憲制を導入して体制改革をはかろうとし、1908年、「欽定憲法大綱」を公布して、清の皇帝は万世一系で神聖不可侵だとしました。日本の帝国憲法に学んだといわれます。しかし、1911年10月、革命軍が蜂起し、辛亥革命の結果、1912年2月、清の君主制は崩壊して、東アジア初の共和制国家が誕生することになりました。

　1910年から12年にかけて、東アジアの君主制は大きく転換しました。韓国の君主制は日本によって消滅させられ、清の君主制は革命によって崩壊しました。君主制が残るのは日本だけです。その日本の君主制も、1910年から11年にかけ、大逆事件と南北朝正閏問題をめぐって大きく揺れました（32・34ページ参照）。しかし、この2つの事件をテコとして、かえって「国体」を防衛する体制は固められました。そして、1912年7月、明治天皇の死去によって「明治」は終わりを告げます。

▶「大正デモクラシー」期の天皇制──

　君主制のアキレス腱は、君主そのものにあります。明治天皇の死去によって「大帝」の時代は終わり、かわって病弱で、かねて統治能力が懸念されてきた皇太子嘉仁が新天皇となりました。これにともなって政治体制も大きく変動しはじめます。世界に対抗しながら富国強兵をはかるという明治初年以来の国家目標は色あせ、都市ではしばしば民衆騒擾が起こります。官僚と政党の提携体制はくずれ、軍部・各官庁・政党の間

の自立化や分散化がすすみました。統治能力がない天皇はこれを調整・統合することができず、政治的な混乱が深まっていきました。

　それどころか、天皇の病状は悪化し、統治能力を完全に失ってしまいます。原敬内閣のもとで天皇の病状が公表されましたが、それは、「親政」が名目にすぎないことを露見させました。天皇の権威は低下し、その機能は縮小せざるをえません。かわって政治的な権限は首相のもとに実質的に集中しました。しかも、この時期（1920〜21年）、皇太子（後の昭和天皇）の妃候補の色覚異常問題をめぐって政局は混乱します（宮中某重大事件）。天皇制はかつてない危機に遭遇したのです。

　国際的にも君主制は危機に瀕していました。辛亥革命によって清朝の帝政には終止符が打たれ、中国はアジア初の共和国となりました。ロシア革命によって帝政ロシアは崩壊し、第一次世界大戦に敗北してドイツ帝国も崩壊します。こうしたなかで、日本の天皇制も、それ自体の動揺とあいまって、内外のデモクラシーの潮流によって存立を揺るがされました。

　他方、天皇制を支えてきた元老層は高齢化し、順次、死去していきました。日露戦後、元老には桂太郎と西園寺公望が新たに加わりましたが、1920年代半ば以後は西園寺だけとなり、以後、補充されることはありませんでした。

▶「昭和戦前」期の天皇制——

　病気の大正天皇にかわって天皇制の権威を回復するために登場したのは、摂政となった皇太子裕仁でした。1921年の洋行は、来たるべき新君主のイメージを内外にアピールする絶好の機会とされました。1920年代初頭、「思想問題」は深刻化し、それとのかかわりで「国体問題」が浮上していました。1923年末には、摂政狙撃事件が発生します（虎ノ門事件）。こうしたなかで、国民教化と治安体制の強化に依拠して天皇制の防衛をはかろうとする動きが強まります。治安維持法の制定はそれを象徴するものでした。

1928年11月、即位礼が挙行され、名実ともに新天皇の時代となりました。天皇の判断を軽視する内閣のあり方に不満をつのらせていた天皇が、張作霖爆殺事件（関東軍参謀らが満州軍閥の張作霖を爆殺した事件）をめぐる政府の対応に怒ったことから、田中内閣は総辞職しました。つづいて民政党の浜口内閣が成立しましたが、天皇はこの内閣に対しては好意的でした。1930年、ロンドン軍縮条約が天皇・元老・宮中勢力の支持のもとで成立しました。しかし、これに対して、軍部を中心とする勢力が反発を強めていきます。

　満州事変に際して、天皇も政府と同様、当初は不拡大方針をとっていましたが、やがてこれを転換させ、軍事行動を追認し、軍部を支持するようになります。戦争司令部である大本営が発する命令は、大元帥である天皇の「可」の押印を得ることがなければ、効力をもつことができません。しかも天皇は、「御下問」「御言葉」を通じて戦争指導・作戦指導に深く関与し、時として作戦内容を左右させました。それは、培われてきた大元帥としての"自覚"と"素養"に支えられたものでした。また、その判断は、天皇のもとに集中していた軍事情報によっても支えられていました。日中戦争・アジア太平洋戦争を通じて、陸軍・海軍の情報をあわせて掌握していたのは、天皇以外にはいなかったのです。

II

「自由民権」を生きる

自由大懇親会
　写真は高知市立自由民権記念館の常設展示です。「自由平民会」「自由」「山嶽倶楽部」の旗などを掲げて懇親会に向かう人びとです。
　「明治維新によって新しい時代がやって来ました。この新しい日本をどういう国にしていくのか。このことを真剣に考え、明治政府のめざす方向とは違う道を構想した人々が、「明治第二ノ改革」すなわち自由民権運動を呼びかけ、これに賛同する多くの人々が運動に参加しました。」
　1990年4月に開館した同館は、自由民権運動についてこう説明しています。運動に参加した人びとは、日本をどのような国にしようと考えたのでしょうか。どのような道を構想したのでしょうか。
（写真提供：高知市立自由民権記念館）

Ⅱ 「自由民権」を生きる

＜年表＞

1874　民撰議院設立建白書提出。立志社結成。

1875　愛国社結成。讒謗律・新聞紙条例制定。

1876　地租改正反対一揆おこる。

1877　西南戦争。立志社、国会開設建白を提出（却下）。

1878　愛国社再興。

1880　国会期成同盟結成。集会条例制定。

1881　「明治十四年の政変」。国会開設の勅諭。自由党結成。

1882　立憲改進党結成。朝鮮で壬午軍乱。福島事件。

1883　松方デフレ、深刻化。

1884　自由党解党。秩父事件。朝鮮で甲申政変。

1887　三大事件建白運動。保安条例公布。

1888　大同団結運動高まる。

1889　大日本帝国憲法発布。

1890　帝国議会開設。

1900　治安警察法公布。立憲政友会結成。

1901　社会民主党結成（禁止）。

■Ⅱ　「自由民権」を生きる

　政府は、「明治150年」の起点として、新政府が成立した「明治元年」に注目しました。新政府で実権をにぎった勢力の中心は、幕府を倒した長州藩・薩摩藩出身の人びと（藩閥勢力）です。彼らは、中央集権化をはかるとともに、軍事改革（徴兵制）、教育改革（学制）、土地改革・租税改革（地租改正）などの大改革をおし進めました。また、政府の力で産業基盤の整備をはかっていきました。目ざすのは富国強兵です。経済的・軍事的な強国化のために、国民（主に農民）から徴収した税がつぎ込まれていきました。

　近代化へ向けての日本の変革は、政府の力で上から強力（強引）におし進められました。しかし、この政治指導者たちは、国民が選んだわけではありません。また、政策や税の使い道について国民の声を反映させる仕組みもありませんでした。そこで、1874年、国会を開いて国民が政治に参加する場をつくり、官僚による政権独占をやめさせようとする運動がおこりました。自由民権運動です。また、1880年前後の時期には、憲法の制定をもとめて、草の根から憲法研究・憲法起草の運動が起こりました。こうした15年間にわたる政府側と運動側との対抗の末に、1889年、大日本帝国憲法（以下、帝国憲法）が定められ、翌年、帝国議会が開かれます。

　そこで、自由民権運動について少し詳しく見てみましょう。それは、現在を考えることにもつながります。

(1)「自由民権」の力

①国会と憲法を求めて

▶自由民権運動の起こり──

　1968年8月、東京都西多摩郡五日市町（現在、あきる野市）で、日本近代史のイメージを大きく塗り替える文書が発見されました。ちょうど政府が「明治100年」奉祝のキャンペーンを展開していた時のことです。

49

≪写真≫発見当時の深沢家土蔵と五日市憲法記念碑、『五日市憲法草案』
出所：東京都あきる野市、五日市郷土館所蔵。

（「草案」はレプリカ）

　山間の五日市のさらに奥まった深沢。この地域にあるこわれかけた土蔵の2階で、ぼろぼろの柳行李が見つかりました。そのなかには、さまざまな書き物にまじって、「日本帝国憲法」と書かれた文書がありました。現在、ほとんどの中学校教科書に登場している「五日市憲法」の発見です。では、なぜ、このような山里の村に、憲法案が残されていたのでしょうか。

　現在、政権は官僚によって独占されている。「天下ノ公議」を張るためには、民撰議院を立てる以外にない。民撰議院によって官僚の権限を限ってこそ、安全と幸福は実現できる。

　1874年1月、板垣退助らが政府に提出した意見書（民撰議院設立建白書）は、こう主張して、民撰議院、つまり国会を開くことを要求しました。当時、政府で実権を握っていたのは、数年前、幕府を倒した薩摩藩・長州藩出身の人びとです。彼らは国民によって選ばれた政治家ではありません。また、彼らがすすめる政策をめぐって国民が議論する場（国会）もありません。意見書のポイントは、国民が政治に参加する場をつくって、官僚による政権独占をやめさせることにありました。

■II 「自由民権」を生きる

この意見書は『日新真事誌』という新聞に掲載されて大きな反響をよび、議会をすぐに開くべきかどうかをめぐって、論争が繰り広げられることとなりました。こうして、自由民権運動の火ぶたが切られたのです。

1874年4月、板垣らは郷里の高知に立志社という団体をつくり、人民こそ国の本だと主張しました。

人民はすべて同等である。人民は一定の権利をもっており、生命を保ち、自主を保ち、職業につとめ、幸福をのばし、何ものにもしばられることのない独立の人民である。この権利は、どのような権力によっても奪うことはできない。それは、人民が生まれつきもっている当然の権利だ。

こうした主張の背景には、ヨーロッパで生まれた天賦人権思想の大きな流れがありました。人間は生まれながらにして自由・平等であり、幸福を追求する権利があるとする思想です。

立志社につづいて、各地で結社がつくられてゆきました。結社とは、共通の目的のために組織された継続的な団体のことです。特定の目的や関心にもとづいて集団をつくり、目的を実現しようとする新しい動きが登場してきたのです。ただし、この時期の結社の中心は士族であり、まだ一般庶民の参加は見られません。1875年2月には、立志社の提案で、全国の結社の連絡組織として、愛国社が創立されます。

しかし、板垣がその直後に政府に誘われて復帰してしまったため、愛国社は自然消滅のかたちとなってしまいました。政府に不満をもつ全国の士族たちは、やがて西南戦争にいたるような、政府に対する武力反乱に期待をつないでいくようになります。

▶国会開設・憲法制定を求めて──

西南戦争での政府軍の勝利は、武力による抵抗が無理であることをはっきりとさせました。そこで、言論による政府批判の活動、国民に政治改革を訴えて世論を高める運動が主流になってゆきます。

すでに西南戦争の最中の1877年6月、立志社は政府に意見書を提出

51

≪表≫全国の民権結社数

道府県	結社数	道府県	結社数
北海道	7	京都	59
青森	26	大阪	80
秋田	20	兵庫	40
岩手	35	奈良	23
山形	50	和歌山	10
宮城	80	鳥取	8
福島	62	島根	53
茨城	120	岡山	25
栃木	62	広島	28
群馬	40	山口	18
埼玉	54	徳島	23
千葉	69	香川	26
東京	150	愛媛	24
神奈川	142	高知	234
新潟	82	福岡	47
富山	20	佐賀	9
石川	17	長崎	17
福井	10	熊本	53
山梨	27	大分	15
長野	48	宮崎	4
岐阜	20	鹿児島	9
静岡	85	沖縄	1
愛知	25	合計	2116
三重	32	アメリカ	12
滋賀	27		

民権結社数は 1890 年までに結成された数。ただし、沖縄だけは 1898 年結成の結社。

出所：新井勝紘『自由民権と近代社会　日本の時代史 22』p.50

して、国会を開くこと、立憲政体を樹立することを迫っていました。翌年、立志社は各地の有志に呼びかけて、愛国社を再組織しました。参加者は、最初のうち、ほとんど士族でしたが、その後、豪農とよばれる有力な農民たちの参加がふえていきます。

　豪農たちは、各地で結社をつくり、学習活動をすすめながら、演説会を開いたり、署名を集めたりして、自由民権の政治活動を繰り広げてゆきました。新聞は、民権の主張をかかげて政府を批判し、各地の運動のようすを全国に伝えました。東京などの都市では、新聞記者、弁護士、私塾の教師なども結社をつくって演説会を開き、民権の主張をひろげてゆきました。

　1880 年 3 月、愛国社は国会開設をめざす全国組織として国会期成同盟を結成し、4 月には、政府に国会の開設を求める請願書を提出しました（政府はこれを受理しませんでした）。各地の代表者も続々と上京して、建白書や請願書を政府に提出しようとしました。国会を開くことをもとめる署名数は 30 万人前後に達しました。

　ところが、政府は要求を受け入れようとせず、かえって集会条例を定めて取締りを強めました。こうしたなかで 1880 年 11 月、国会期成同盟は第二回大会を開いて、翌年の大会までに憲法草案を起草して持ち寄ることなどを決定したのです。各地に憲法を起草しようとする運動が広がってゆきます。

　現在、政府当局者や反民権派のものも含めて、70 点ほどの憲法プラ

Ⅱ 「自由民権」を生きる

≪写真≫植木枝盛

ンが確認されています。そのなかには、民権派の憲法私案が20編近く含まれています。とくに目を引くのは、200以上の条文をもつ2つの憲法案です。

その一つが、高知の民権家植木枝盛が立志社の憲法草案として起草した「日本国国憲案」です。全体で条文は220ヵ条あり、思想・信仰・言論・集会・結社・学問・教育・営業など、国民の権利と自由を幅広く保障しようとしています。何よりも植木の案の大きな特徴は、抵抗権・革命権を認めていることです。日本人民は無法に抵抗することができる。政府が憲法に違反し人民の自由・権利を抑圧したときは、これを倒して新しい政府を樹立することができる。植木の案には、はっきりとこう書かれています。

そして、もう一つが、実は五日市憲法なのです。全体は204ヵ条あり、とくに国民の権利は36ヵ条にわたって詳しく規定されています。その条文を見てみると、いろいろな国の憲法や、さまざまな憲法案を参考に

≪資料≫植木枝盛「日本国国憲案」（1881年8月28日以降）

第44条　日本ノ人民ハ生命ヲ全フシ、四肢ヲ全フシ、形体ヲ全フシ、健康ヲ保チ、面目ヲ保チ、地上ノ物件ヲ使用スルノ権ヲ有ス。

第45条　日本ノ人民ハ何等ノ罪アリト雖モ生命ヲ奪ハ（レ）ザルベシ。

第49条　日本人民ハ思想ノ自由ヲ有ス。

第51条　日本人民ハ言語ヲ述ブルノ自由権ヲ有ス。

第54条　日本人民ハ自由ニ集会スルノ権ヲ有ス。

第64条　日本人民ハ凡ソ無法ニ抵抗スルコトヲ得。

第70条　政府国憲ニ違背スルトキハ、日本人民ハ之ニ従ハザルコトヲ得。

第71条　政府官吏圧制ヲ為ストキハ、日本人民ハ之ヲ排斥スルヲ得。政府威力ヲ以テ擅恣暴逆ヲ逞フスルトキハ、日本人民ハ兵器ヲ以テ之ニ抗スルコトヲ得。

第72条　政府恣ニ国憲ニ背キ、擅ニ人民ノ自由権利ヲ残害シ、建国ノ旨趣ヲ妨グルトキハ、日本国民ハ之ヲ覆滅シテ新政府ヲ建設スルコトヲ得。

していることがわかります。

▶学び合う学習の時代――

植木枝盛「日本国国憲案」

　1880年頃、五日市の人びとは学芸講談会という会をつくって、月に3回集まり、政治や法律の本を読みながら学習を重ねていました。メンバーは周辺の村々からの参加も含めて、7、80人いたのではないかと推測されています。会を財政的に支えていた深沢名生・権八父子は、数百冊の新刊書を購入して、憲法を起草する作業を助けたといいます。

　深沢権八は「討論題集」というメモを残しています。そのなかには、63項目の討論テーマが記されています。貴族は廃止すべきかどうか、女戸主に政権を与えることの利害、国会には二院が必要かなど、憲法にも関するテーマが目立ちます。

　こうした学習活動の中から生み出されていったのが五日市憲法です。起草活動の中心になったのは、宮城県に生まれ、各地を転々とした後、1880年に五日市にたどり着いた千葉卓三郎という人です。千葉は1852年生まれですから、当時28歳。五日市で小学校の教員となって、学芸講談会の活動に加わり、その討論や研究のなかから、憲法案を生み出していったのです。

　国会の開設をもとめる署名活動や、自分たちの手で憲法を起草しようとする運動の背後には、かつてない学習の時代、政治・法律をめぐる討論の時代があったのです。

②政党はなぜ生まれたのか

▶政党を生み出した力――

　勢力を得るためには結合が必要だ。結合するためには党をつくること

が必要だ。党をつくるためには広く人びとを集めなければならない。

『朝野新聞』は、1881年2月の社説でこう主張しています。これまでは「請願」を運動の手段にしてきたが、これからは「結合」を強めることこそが大切だというのです。

ちょうどこのころ、各地で政党をつくるための準備が進んでいました。すでに3ヵ月ほど前、国会期成同盟の第二回大会では、政党を結成することが話題となっていました。憲法の草案をつくって次の大会に持ち寄ろうと決めたときのことです（52ページ参照）。

以下、日本最初の政党、自由党が生まれたいきさつと、その意味を考えてみることにしましょう。

1880年、国会期成同盟や各地の有志たちは、政府に請願書を提出して、国会の開設を要求しようとしましたが、政府は請願書の受け取りを拒み続けました。しかも、集会条例を定めて、運動に対する取締りを強めました。11月に開かれた国会期成同盟第二回大会では、現状を打破するため、もっと勢力を強めなければいけない、各地ばらばらに分かれている結社を結合・統一するためには、政党が必要だという声がおこっていました。しかし、大会では、結局、期成同盟として政党の結成をすすめるのはまだ無理だということになり、地方の実力を養成し、地方の団結をはかることになりました。こうして、自由党を結成しようとする活動は、期成同盟とは別にすすめられることになったのです。

東京では、有志が政党結成の相談をし、盟約や規則を検討する動きが活発になりました。早くも12月には、有志が集まって「自由党」という名の政党をつくっています。ただし、この後、対立や混乱もあったようで、この「自由党」はそのままでは全国的な政党には発展しませんでした。しかし、こうした動きは、地方の団結をはかろうとする各地の民権結社に刺激をあたえ、1881年の前半には、政党を作ろうとする流れが各地に起こってきます。

たとえば、愛知県の有志は「自由党」をつくり、高知県では立志社のなかに「高知県自由党本部」が設けられたといいます。東北でも東北7

州自由党がつくられます。

　1881年10月はじめ、憲法案の研究や政党結成の準備をすすめてきた各地の代表たちが、東京に集まってきました。国会期成同盟の第三回大会に参加するためです。開会の予定日は10月1日でしたが、まだ到着していない代表もいることから、この日は相談会となりました。その席で、自由党と期成同盟を一つにして政党をつくることに話がまとまりました。そして翌2日、国会期成同盟を拡張して「大日本自由政党結成会」に変更し、全国の有志者を団結して目的を達成しようと決定し、自由党組織の原案を起草する委員を選びました。12日から16日までは、連日、自由党組織の相談会が開かれています。17日は100人余りが集まって親睦会を開催。18日には、自由政党会を開いて、開設委員70余人が集まり、19日から27日までは、自由党規則の審議をすすめています。こうして、29日、本部役員を選出して、日本の歴史上、最初の本格的な全国政党、自由党が誕生することになりました。総理（党首）は板垣退助です。東京に本部を設置し、各地方には地方部を置いて、本部に直結させることとなりました。

> ≪資料≫自由党盟約（1881年10月）
> 第1章　吾党は自由を拡充し、権利を保全し、幸福を増進し、社会の改良を図るべし。
> 第2章　吾党は善良なる立憲政体を確立するとことに尽力すべし。
> 第3章　吾党は日本国に於て吾党と主義を共にし目的を同くする者と一致協合して、以て吾党の目的を達すべし。

　ところで、こうして自由党が結成されたちょうどその頃、政府の側では、日本近代史のゆくえを左右する重要な決定がなされていました。

▶政党が生み出した力——

　この年（1881年）春以来、政府のなかでは、国会をどうするのか、憲法をどうするのかをめぐって、対立が生まれていました。政府の中心

Ⅱ 「自由民権」を生きる

人物大隈重信は、早く憲法を制定し、国会を開いて、イギリスのような議会・政党を中心とする政治の仕組みをつくろうと考えていましたが、これに岩倉具視・伊藤博文らは強く反発しました。ドイツのように皇帝（天皇）の権限が

≪表≫主要民権政党の党員数

自由党	1881年10月	1882年11月	1884年10月
	101人	869人	2,349人
立憲改進党	1882年 6月	1882年12月	1884年 4月
	116人	1,181人	1,729人
立憲政党		1882年10月	
		641人	

出所：大日方純夫『「主権国家」成立の内と外』p.121

強い国づくりをすすめるべきだというのです。そうしたなか、8月には、明治の初め以来、北海道を開発するため、政府が巨額の資金を投入してきた官有物を、一部の関係者に安く払い下げようとしていることが暴露されました。そこで、新聞各紙は官僚と一部の政商が癒着していると厳しく政府を批判し、演説会でも政府攻撃の声がかつてなく高まっていきました。政府のなかでは、早く手を打って巻き返さなければ取り返しのつかないことになるという考えが強まりました。

こうして、政府の薩摩・長州系の勢力は、10月12日、北海道の官有物払下げを中止し、10年後に国会を開くことを約束するとともに、大隈を政府から追放してしまいました。「明治十四年の政変」と呼ばれているものです。ちょうど、自由党の結成をめぐる議論が大詰めにさしかかろうとしていたときのことです。

現在、多くの教科書は、政府が国会開設を約束したあとに、民権運動が政党の結成に進んだかのように書いています。また、議会で活動するために政党をつくったと書いている教科書もあります。しかし、すでに見たように、これらは誤りです。政府が国会の開設を約束しないからこそ、運動の力量を強めるために、民権運動は政党の結成に進んだのです。

自由党は、全国各地で地方部（支部）をつくる活動をすすめていきました。現在、関西地方をのぞくほぼ全地域で、地方部の設置がすすめられていたことが明らかになっています。関西については、すでに自由党の別働隊とみなされている立憲政党という政党が結成されていました。

一方、以上のような動きとは別に、政変で大隈とともに政府を追放された人びとを中心に、自由党とは別の政党を作ろうとする動きも本格化していきました。その結果、1882年3月には、立憲改進党の結成が宣言されます。大隈を党首とし、イギリス流の議会政治を目指す政党です。自由党の路線を急進的だと批判し、これとは一線を画す立場をとっていました。

　こうして自由民権運動は政党活動の時代になったのです。

▶政府と政党の対抗──

　高まる政党の運動に対して、1882年の半ば頃から、政府は弾圧や規制を強め、また、抱き込みや切り崩しをはかっていきました。また、後述するように（66ページ参照）、不景気が深刻となるなか、政党活動から身を引く傾向や、急進化する傾向も目立っていきました。そして、自由党は結成からちょうど3年目、解散を宣言してしまいます。秩父事件の直前のことです。また、立憲改進党でも、大隈をはじめとする党幹部が離党してしまいます。ですから、政党が運動の担い手となったのは、およそ3年間のことでした。しかし、この時期に形づくられた政党こそ、その後の日本の政党の源流なのです。

　120年ほど前、政党を生み出した人びとが政党にかけた思いと熱気を振り返りつつ、国民の声を汲み上げるために政党はどうあるべきか、私たちは政党とどうかかわるべきかを、あらためて真剣に考えてみる必要があるのではないでしょうか。要求を実現するためには、やはり結合こそが力なのです。

(2)「自由民権」の声

①民衆にとっての「自由民権」

▶弁士と聴衆──演説の魅力──

　一つとせ、人の上に人はなき、権利にかわりがないからは、この人じ

Ⅱ 「自由民権」を生きる

ゃもの
三つとせ、民権自由の世の中に、まだ目の
さめない人がある、このあわれさよ
十三とせ、栄え行く世の基本は、民の自由
にあるぞいな、この知らないか

≪絵≫演説会の様子

東京大学明治新聞雑誌文庫蔵

　これは、1878年ころ、高知県下ではやっていた民権かぞえ歌からの抜粋です。「二十とせ」まであり、権利・自由などの大切さをうたっています。立志社がつくって広めたものだといいます。こうした「民権」「自由」の訴えを、人びとはどのように受け止めていたのでしょうか。民衆と自由民権運動の関係を見てみましょう。

　のちに社会主義者となった堺利彦（1870年生れ）は、中学時代の思い出をつぎのように語っています（稲田雅洋「自由民権運動」『岩波講座日本通史』17）。

> 私は当時、漠然ながら自由民権主義の追随者であった。同級の青木などと演説会や討論会の真似事をやった時、「一院制と二院制との可否」という題目で論議したことを覚えている。

　自由民権運動が子どもにも影響を与えていたことがわかります。演説会は、1880年前後の時期、各地で大流行し、とくに1881年9月・10月、「明治十四年の政変」の頃には最高潮に達しました。たとえば、9月30日、静岡県浜松の玄忠寺で開かれた演説会の場合、午後1時の開演予定なのに、会場には朝8時から人が集まりはじめ、聴衆は3000人に達したといいます。演説会は午後11時に終了し、その後、明け方まで懇親会がつづきました。これは、ほんの一例にすぎません。

　政府は演説会を取り締まるため、1880年4月、集会条例を定めました。このため、集会を開こうとする場合は、事前に警察に届け出て、認可を受けなければなりませんでした。全国でどのくらい政談演説会が開かれたのでしょうか。政府の統計によれば、1882年には、1年間で1817回

の演説会が開かれ、7675人が演説したことになっています（それ以前はよくわかりません）。認可された演題は1万3212件です。

各地で弁士をつとめていた『朝野新聞』の記者末広重恭は、演説会の雰囲気をつぎのように伝えています（1881年2月）。

演説会場に立って、着実・平穏な言論を吐露しているときは、会場は静まり返って声もなく、居眠りをしているような様子だが、演説が政治批判に及ぶと、たちまち喝采があちこちで起こる。演説がいよいよ激烈になれば、喝采はいよいよ多くなる。だから、一言、「国会」と唱え、「圧制」と叫び、「集会条例」と言えば、会場全体が沸き立つ。これは、どの地方でも、どの集会でも同じだ。

演説会の聴衆は、演説がちょうどよいところにくると、「ヒヤヒヤ」とか、「ノウノウ」とか叫び、盛んに拍手をおくって会を盛り上げました。「ヒヤヒヤ」とは、「聞く」の英語hearから生れた掛け声で、「その通り！」といった気持ちが込められています。「ノウノウ」はno noで、弁士が政府の行為を批判したときなどに同調する掛け声です。こうして、弁士と聴衆は一つになりました。会場には取締りのため、つねに警官が出動していましたが、弁士の演説が警官によって妨げられたり、中止されたりしようものなら、警官を非難する声や行動で会場は騒然となりました。

政府側の統計では、1882年の場合、解散を命じられた演説会は282件、禁止された演説は53件となっています。

▶さまざまな呼びかけ──

自由民権運動は、女性の弁士も生み出しました。京都出身の岸田俊子は、1882年4月、大阪道頓堀の朝日座ではじめて演壇に立ちました（以下、『岸田俊子評論集』）。当日の弁士は彼女を含めて15人。開始は午後5時なのに、聴衆は3時頃から詰めかけ、定刻には会場は満席となって、花道や舞台の上まで人があふれたといいます。弁士は聴衆をかきわけながらやっと壇に上るという状況だったそうです。彼女の演説のテーマは「婦女の道」。端麗な容姿、ハッキリとした語調、明快な論旨に、聴衆は

■Ⅱ 「自由民権」を生きる

盛んな拍手を送りました。当時、俊子は19歳でした。

その後、彼女は立憲政党の演説員として、各地を遊説し、女性の権利を伸ばすことを訴えてまわりました。熊本での演説会の様子をみましょう。10月30日の夜、700人余の聴衆を前に、男女同権を説き、翌日も、今の日本の女性は気力がないと論破して、女性は男性と同等の権利をもっていると訴えています。11月5日には八代で、会場一杯の老若男女の聴衆を前に、社会、人民、人間という語は、決して女性を除いたものではない、女性の知識が進歩しなけれ

≪写真上≫「婦人参政権発祥の地」の碑。
楠瀬喜多を記念して高知市に建立。

≪写真下≫
岸田俊子

出所：上・高知県労働者学習協議会
　　　下・『高校日本史Ｂ　新訂版』（実教出版）

ば、社会の開化、人民の進歩はないと演説しています。ある村の懇親会では、演説に感激した15歳の少女が、俊子に感謝する文を朗読しています。俊子の訴えを聞いて、民権運動に参加する女性もあらわれました。

自由党のなかには、人力車夫に呼びかけて運動を組織しようとする動きもありました（以下、絲屋寿雄『自由民権の先駆者』大月書店）。文明開化とともに、東京の街頭には新しい乗り物、人力車が出現しましたが、1882年、鉄道馬車が開通すると、人力車夫の営業を圧迫するようになりました。そこで、人力車夫に呼びかけて運動を盛り上げようとしたのです。この年10月4日には、呼びかけのチラシにこたえて、神田明神の境内に300人余の車夫が集まりました。発起人の代表、三浦亀吉はつぎのように述べて、車夫の団結を呼びかけました。

この世に生れるときは、みんな裸だ。彼は官員、こちらは車夫、彼は

金持ち、こちらは貧乏人と、腹にいるうちから位をもって生まれ出てくるのではない。われわれ車夫も、みな同等の人間だ。同等の人間である以上は、同等の思想がなくてはならない。

これにつづいて、東京市内の各所で人力車夫の懇親会が開かれていきました。新聞記者たちがつけたあだ名「車会党」が、やがて正式な名称となり、規則もつくられました。11月の車夫政談演説会には、主催者発表で2千余人が集まり、車会党は意気を高めました。

ただし、その後、中心人物たちが警察とトラブルをおこして逮捕されたため、運動は立ち消えになってしまったといいます。

▶「自由」の2字

自由党の歴史をまとめた『自由党史』は、1882年、「自由」の2字があらゆる方面で"宝愛"、つまり宝物のように愛されるようになったと書いています。自由湯・自由温泉（浴場）、自由糖（菓子）、自由丸（薬）、自由亭（料亭）があらわれ、その他、自由踊り、自由帽子など、自由が大流行したというのです。実際、『朝野新聞』には、つぎのような記事があります。

例年は、義経・弁慶などの絵や、鷲・嵐などの文字を描いた凧を揚げているが、今年はある家が「自由」と書いた凧を揚げたところ、「自在」

≪絵≫自由の凧揚げ

出所：『東北新報』1881年3月27日

■Ⅱ　「自由民権」を生きる

「急進」「改進」「権利」「漸進」「保守」「官権」「民権」といった文字を書いた凧がつぎつぎに登場して、絵の凧はなくなった。急進は漸進とからみ合い、民権は官権に挑み、互いに相手の凧の糸を切って毎日勝負をするようになった。日一日と民権側が増加し、切り飛ばすと勝った方は歓声をあげ、みんな夢中になっている。1882年4月、岩手県一ノ関の情景です。

　高知県では、最近、赤ん坊が生れると、男の子なら「自由太郎」「自由吉」「自治之助」、女の子なら「お自由」「お自治」などといった名をつけるものが多い。1882年7月の報道です。

　「自由民権」が民衆のなかに広がり、「自由民権」が時代の"空気"となっていたのです。運動の呼びかけが、民衆の言葉となること。それが時代を動かします。

②秩父事件の「自由民権」

▶立ち上がった秩父の農民──

　1884年11月1日の夜、埼玉県秩父の下吉田村にある椋神社の境内には、刀・槍・竹槍などを携えたに農民たちが続々と集まっていました。その数は3000人ともいいます。農民たちを前に、リーダー格の田代栄助は役割分担を発表しました。総理田代栄助、副総理加藤織平、会計長井上伝蔵・宮川津盛、参謀長菊池貫平……。彼らは、なぜ、ここに集まったのでしょうか。何をしようというのでしょうか

　農民たちは村ごとの小隊にまとまっていました。それぞれの小隊には小隊長がいます。小隊は甲大隊と乙大隊の二つに大きくわけられました。伝令係、軍用金係、食糧係、弾薬係なども発表されました。

　つづいて参謀長菊池貫平が「軍律」を発表しました。参加者が守らなければならない掟です。第一条、勝手に金銭を奪う者は斬る。第二条、女性に手を出す者は斬る。第三条、酒宴をする者は斬る。第四条、私的な恨みから放火や乱暴などをする者は斬る。第五条、指揮官の命令にそ

≪写真≫秩父事件を描いた映画「草の乱」(神山征二郎監督、2004年)

提供：埼玉映画文化協会

むいて勝手なことをする者は斬る。目的にはずれる行為や勝手な行動を禁止し、きびしい規律で農民軍をまとめようとしていたことがわかります。

　午後8時ころ、困民軍は椋神社を出発しました。目指すは西秩父の中心地、小鹿野町。途中、多くの農民たちが駆り出されて参加してゆきました。農民軍約1万人。日本の歴史上、最初で最後の農民による武装蜂起です。彼らは、その後、大宮郷（現在の秩父市）に向かい、警察・郡役所・高利貸などを襲撃して大宮郷を占拠し、郡役所を困民軍の本部としました。しかし、各地で警察・軍隊と衝突した結果、最後には弾圧されます。裁判では、12人に死刑が宣告され、8人が実際に処刑されました。有罪となったのは、罰金なども含め3600人余です。

▶農民たちが求めたもの――

　蜂起の2ヵ月前の9月はじめ、田代栄助・坂本宗作・落合寅市・井上伝蔵・小柏常次郎といった人びとが、高岸善吉の家に集まって相談していました（彼らの人物像については、秩父事件研究顕彰協議会編『秩父事件』新日本出版社、を参照してください）。どのような行動をとるべきか。4つの要求項目が提案されました。①高利貸からの借金で苦しむ者が多いので、貸主に借金の10年据え置き、40年賦への延期を要求す

ること、②学校費を省くため、県に3年間の休校を要求すること、③雑収税を減らすことを政府に要求すること、④村費を減らすことを村に要求すること。

≪写真≫田代栄助

これに対して、栄助は「どれも命を捨てる覚悟がなければむずかしい要求だから、よく考えた方がよい」と、慎重論を唱えます。しかし、善吉は「貧民を救うためには、もとより一命をなげうつつもりなので、どうか賛成してほしい」と発言します。常次郎も「貧民は埼玉県だけでなく、他の県にもいるのだから、ただちに同意して、貧民を救うために尽力してほしい」と迫ります。そこで、栄助も「みんなが一命を捨てても万民を救おうという気持ちなら、自分も尽力しよう」と答えたのです。

すでに8月末ころから、善吉らは山のなかに農民を集めて集会をもっていましたが、取締りの警官隊によって解散させられていました。こうしたなか、善吉たちは農民を組織するためのリーダーとして、栄助に注目し、頼み込んで参加してもらったのです。

9月30日、善吉らは秩父の中心地、現在の秩父市にある大宮署に出向いて、高利貸に対する説諭を請願しましたが、断られてしまいます。10月に入って、高利貸と個別に交渉しますが、うまくいきません。そこで12日、栄助ら幹部は伝蔵の家で会議をもち、ついに実力で要求の実現を迫ることを決定しました。もうこうなったからには、やむを得ない。一命をなげうってでも要求を実現するしかない。高利貸を打ちこわし、証書類を焼きすてよう。自分の命を捨てても、貧しい人びとを救わなければならない！　彼らにこのような決心をさせたのは、一体、何だったのでしょうか。

秩父は「山国」です。水田は少なく、畑は斜面の劣等地です。秩父の経済を支えていたのは、養蚕でした。幕末の開港をきっかけとして、農民たちがつくった生糸は横浜に運ばれ、海外に輸出されるようになりま

した。輸出の増大は秩父の経済を豊かにしました。「明治」時代になり、1880年前後の時期には製糸会社がつくられてゆきます。経済も好況で繭価は高値となり、農村は繁栄していました。

　ところが、1882年、政府がデフレ政策を強めたため、生糸の価格が大暴落してしまいました。しかも、政府は軍備拡張のため、容赦なく増税政策をすすめました。景気のよい時期、農民たちは生産の拡大をはかるため、資金を借り入れたりしていましたが、借金が返せなくなってしまいました。負債のために破産して逃亡せざるを得ない農民、税金を納められず、土地を手放さざるを得ない農民が続出します。借金を何とかしてほしい。税金を何とかしてほしい。それは、生活に立ち行かなくなった農民たちの切実な声でした。

　こうした農民たちの声を受け止めて、高利貸や役所と掛け合い、ついに一命をなげうって立ち上がることを決意したのが、秩父の自由党員たちでした。

▶「自由民権」と現在──

　当時の日本には、憲法も国会もありません。政治家たちは誰も国民から選ばれていません。国会を開いて、一部の政治家たちによる専制政治をやめさせよう。そうした運動が起ったのは、秩父事件の10年前、1874年のことです。最初、士族たちが中心となって起こしたこの自由民権運動は、やがて各地の有力な農民や、都市の新聞記者たちも加わって、1880年前後の時期には全国に広がっていきました。

　これに対して、政府は要求をはねのけ、取り締まりを強めていましたが、ついに1881年10月、およそ10年後に国会を開くことを約束することとなりました。しかし、国会のあり方は天皇が決める、憲法制定に国民が口をはさむことは認めないとして、かえって取り締まりを強めていきました。他方、運動の側は、政治運動を進めるための組織として、政党を誕生させました。その代表が、自由党です。

　自由党は各地で党員を獲得するための取り組みをすすめ、それは秩父

地方にも及びました。1882年11月には秩父でも入党する人があらわれます。1883年には8人、84年には高岸善吉・落合寅市・坂本宗作・井上伝蔵ら20人が入党しました。

こうして、秩父の農民たちは、きびしい経済情勢のなかで自由党員となり、経済的な困難を解決するためにこそ、政治の変革をもとめるようになったのです。秩父の自由党は、借金に苦しむ農民たちに呼びかけて、困民党を組織しました。「困民」たちの声を代弁して当局や高利貸との交渉をすすめ、先にふれたように、ついに蜂起するにいったのです。

田代栄助は、まず、秩父郡一帯をおさえ、応援が来るのを待って埼玉県に迫り、成功したら「純然たる立憲政体」をつくると述べたといいます。「圧制を変えて良政に改め、自由の世界にして、人民の安楽を実現しよう」と呼びかけるものもいました。

圧制を変えて自由な世界を実現しよう。そうした願いを込めて立ち上がった秩父の農民たち。その姿を思いおこしながら、私たちもまた、現在の私たちの方法で、現実と格闘しなければならないでしょう。現在の日本には、憲法も国会もあります。問題はそれをどう生かすかです。

(3) 「自由民権」の世界

①平和を求め、戦争をなくすために

▶戦争をなくすにはどうすればよいか──国際機関の設置──

のちに民権家として活躍する植木枝盛は、まだ運動がおこる前の1872年、16歳の時、つぎのような趣旨の文章を書いています。

乙国は、甲国が邪魔をしたからと軍隊を出して戦争し、「やむを得ない」、と言う。しかし、人の命は貴重だ。国のために生まれたのではない。それなのに、国のためにかり出されて戦い、死んだり傷ついたりする。戦いは大罪だ。乙国が甲国に報復すれば、損害はいっそう大きくなり、ついに強が弱をしいたげ、大が小をおさえつけることにな

る。国内で「会所」（事務所）をつくって争いあうことを禁止しているように、世界でも万国統一の「会所」をつくって国家の間の紛争を解決し、戦争をなくさなければならない。

　国際的な機関をつくって、紛争を処理し、戦争をなくそうというのです。8年後（1880年）、植木枝盛は「世界大野蛮論」という題で演説しました。

　誰もが、人食いの風習は野蛮だ、太平洋の諸島やアフリカの内地は野蛮だ、昔の奴隷制度は野蛮だ、という。しかし、これは各国各地の小野蛮にすぎない。今の世界には、もっと大きな野蛮、世界の大野蛮があるではないか。各国は戦闘しあい、争奪しあっている。戦争は最大の人殺しであり、世界の大野蛮だ。ヨーロッパ各国は、奴隷をなくしたといって鼻を高くし、文明の進歩を誇っているが、一国が他国・他地域を私有するのは、最大の奴隷所有であり、世界の大野蛮だ。世界は、今まさに修羅場だ。これを黙って見ていていいのか。一国の立場から言えば、世界がどうなろうと、自国を防衛し、独立を貫けば足りる。しかし、世界人の立場からすれば、これでは不十分だ。世界人として、人間として、さらに努力しなければならない。

　では、枝盛は戦争という大野蛮をなくす方法として、何を考えたのでしょうか。同じころ、彼は「無上政法論」を発表しています（『植木枝盛選集』岩波文庫）。世界から戦争をなくし、平和を実現するためには、「万国共議政府」（各国が集まってつくる国際的な政府）を設け、「宇内無上憲法」（世界レベルの最高の憲法）をつくることが必要だ、というのです。

　「万国共議政府」と「宇内無上憲法」をつくれば、世界の国々は他国に攻められる心配が少なくなり、外国と紛争があっても「万国共議政府」の保護を受けることができるので、外に対する心配がなくなる。そうすれば、各国は自由に国を小さく分けることができ、多くの人びとが直接、政治に参加することができるようになる。また、各国は軍備を縮小し、ついには軍備を廃止することもできる。

どの国も陸海軍の費用は実におびただしく、民の損害となっている。軍備を減少させれば、福祉を増すことができる。そうすれば、たとえ圧制・暴虐の政治家がいても、国防のために増税するなどという悪弊を生み出すことはなくなる。また、陰険・不正な外交政略も大いに変わることになる。そして、殺伐とした気風を減らし、仲良く愛し敬いあうような人間関係を進めて、人間の品格を高めることになるだろう。

このように、すでに140年以上も前、植木枝盛は現在の国際連合や国連憲章のようなものを思い浮かべていたのです。

▶日本外交はどうあるべきか──小国主義の提案──

植木枝盛と同じ土佐出身の民権家に中江兆民がいます。彼が書いたと考えられる論説に、「外交を論ず」があります。1882年8月、自由党の機関紙『自由新聞』に掲載されたものです。

掲載前の7月23日、朝鮮のソウルでは、朝鮮の軍隊と民衆による反政府・反日の暴動（壬午軍乱）が起こっていました。朝鮮を保護国と考えていた清は朝鮮に軍隊を送り、日本も派兵しました。朝鮮をめぐって、いっきに緊張が高まりました。日本国内では、清と戦え、朝鮮を処罰せよという声が起こっていました。強硬論を主張した代表格は、福沢諭吉です。

しかし、民権派のなかには、慎重論をとなえるものが多くありました。兆民のこの論説も、朝鮮問題に直接にはふれていませんが、朝鮮半島での現実の紛争をふまえたものであることは確かです。兆民はつぎのように主張しています（松永昌三『自由・平等をめざして　中江兆民と植木枝盛』清水書店）。

西洋の列強のまねをして富国強兵をはかるためには、つねに軍備を拡張しなければならない。しかし、そのための多額の費用は、人民から取り立てる税金以外にない。また、多数の兵士を動員することは、人民の平和な生活を圧迫する。

このように、兆民は、強兵と富国は矛盾するととらえました。それな

のに、政府はヨーロッパの強国のまねをして、盛んに軍備の増強をはかっている。兆民は、日本が進むべき道は、軍事力によって他民族を抑圧するような「大国」の道ではなく、人民の自由と権利を伸ばし、各国の人民が連帯し協力する「小国」の道だと考えました。では、小国が独立を保つためには、どうしたらよいのでしょうか。

信義を固く守って動かない。道義があるならば大国であってもおそれない。小国であってもあなどらない。もし不当な攻撃を仕掛けてきたら、国中が焦土となっても戦って降伏しない。隣国に紛争があってもみだりに派兵して攻めない。それどころか、その国を愛し、進歩の道に向かうのを助けるべきだ。

信義・道義こそ、日本がよりどころとすべき外交の原則だ、国民生活を犠牲にする軍事大国となるべきではないというのです。

▶日本はどのような道をとるべきか──3人が語る──

兆民はその5年後（1887年）、『三酔人経綸問答』という本を書きました（岩波文庫に収録）。3人の男が酒を飲みながら日本の進路について議論しあう想像上の話です。

登場人物の一人、洋学紳士君は、日本を自由・平等・民主主義の理想的な国にすべきだ、軍隊をなくし、敵が攻めてきても非武装で抵抗すべきだと主張します。

これに対して、東洋豪傑君は、紳士君が言うことは理想だ、軍隊をなくしたのにつけこんで凶暴な国が攻めてきたらどうするのだ、と批判します。軍備をたくわえ、経済力をつけ、大国になるべきだ。アジアかアフリカかに大きな国がひとつある。資源は豊かだが、弱い。その国の半分、あるいは3分の1を割きとってわが国とすれば、われわれは大国となる。中国を侵略すべきだ、というのが豪傑君の主張です。

2人の話を聞いて、南海先生は言います。紳士君の説は、ヨーロッパの学者が頭の中で考えたまばゆいばかりの理想だが、まだ実現されていない。豪傑君の説は、昔の偉人が手柄をたてたけれど、今日ではもう実

行できない政治的な手品だ、と。また、中国侵略をほのめかす豪傑君を
批判します。

　たがいに同盟して兄弟国となり、いざという時には援けあう。そうす
　ることによって、それぞれ自国の危機を脱すべきです。やたらに武器
　を取って、かるがるしく隣国を挑発して敵にまわし、罪もない人民の
　命を弾丸の的にするなどというのは、まったくの下策です。

　南海先生の言葉とは裏腹に、その後、豪傑君が言うような道をたどっ
た日本は、やがて侵略戦争に敗北して、膨大な犠牲のうえにようやく平
和を手にいれました。日本国憲法が戦争放棄を宣言したのは、兆民が3
人の問答を発表してからちょうど60年後のことです。紳士君は、未来
の日本について、つぎのような理想を語っていました。

　要塞をつぶし、軍艦を撤廃して、他国にたいして殺人を犯す意志がな
　いことを示し、また、他国もそのような意志を持つものでないと信じ
　ることを示し、国全体を道徳の花園とし、学問の畑とするのです。試
　みにこのアジアの小国を、民主、平等、道徳、学問の実験室としたい
　ものです。ひょっとすると、私たちは世界のもっとも尊い、もっとも
　愛すべき、天下太平、万民幸福という化合物を蒸留することができる
　のかもしれないのです。

　130年後の今、“現代の豪傑君たち”が、憲法を変えようとしています。
歴史をあともどりさせてはなりません。

②民主主義と平和を国民のものに

▶「与えられた民権」を「勝ち取った民権」へ──

　1882年12月、立憲改進党の幹事をつとめていた法学者の小野梓は、
本格的な憲法研究の本を出版し、その巻頭に自作の漢詩を掲げました。
つぎのような意味です。

　暖かくなりそうで、なおまだ寒く、季節の移り行きははかどらない。
　毎朝、指折り数えて花の咲く時期を待ちこがれる。その時期はなかな

か来ず、気持ちだけが先走る。だから、ここに隅田川春景色の詩を作るのである。

　小野は、憲法を待ちこがれる思いを、花を待つ気持ちに託しました。その約6年後、帝国憲法が発布されました。では、咲いた「花」＝憲法は、彼が待ち望んだものだったのでしょうか。残念ながら、小野は「花」を見ることなく病気でなくなったため、彼の感想を知ることはできません。

　では、中江兆民や植木枝盛は帝国憲法をどう受け止めていたのでしょうか。中江兆民の家に学僕として住み込んでいた18歳の青年がいました。後の社会主義者、幸徳秋水です。秋水は、1889年2月、憲法が発布されたときの兆民先生の様子を、つぎのように書いています。

　全国に憲法発布の祝賀ムードが広がった。しかし、先生は嘆いて言った。与えられた憲法は、はたしてどのようなものなのか。「玉」（すばらしいもの）なのか、「瓦」（つまらないもの）なのか、まだ憲法の中身を見ていないのに、国民は憲法という名に酔っている、と。届いた憲法の全文をざっと読んで、先生はただ苦笑するだけだった。

　兆民が苦笑いしたのもそのはず、帝国憲法は天皇に絶大な権限を集める（39ページ参照）一方、国民の自由と権利は制限つきでしか認めませんでした。

　2年前、『三酔人経綸問答』という本（70ページ参照）のなかで、兆民は南海先生につぎのように発言させています。

　民権には、勝ち取った民権と、与えられた民権の2つがある。イギリスやフランスの民権は、勝ち取った民権だから、民権の分量はこちらで自由に決めることができる。しかし、上からのお恵みとして与えられた場合、民権の分量はこちらでは決められない。

　秋水は、兆民先生は決して与えられた民権には満足していなかったと書いています。与えられた民権を、勝ち取った民権に変えていかなければならないと主張したというのです。

　では、植木枝盛はどうだったのでしょうか。彼は、憲法の発布を子どもの誕生にたとえています。

子どもがどのような姿かたちや気質をもって生まれたとしても、親は自分が好むように成長させ、願うように養育しようと思うに違いない。イギリスでもアメリカでも、憲法は成長してきた。だから、日本の憲法も成長しないことがあろうか。

憲法に不満だったからこそ、こう言ったのでしょう。しかし、生まれた以上、自分たちが望むように育て、成長させていかなければならないというのです。

▶民権の精神をどう生かすか──

大きな制約つきの憲法でしたが、それにもかかわらず、憲法を武器にかえ、権力とたたかいつづけようとした人がいます。足尾鉱毒反対運動の指導者田中正造です。彼は民権運動の時期、立憲改進党に参加して活躍した民権家ですが、憲法が公布され、帝国議会が開かれた後の1891年、つぎのようにノートに書いています（由井正臣『田中正造』岩波新書）。

今の政府は信用がない。政党がこれにかわって責任を負い、政府をつくらなければならない。そうでなければ、憲法があったとしても、死んだ法にすぎない。

政党内閣こそが国家、国民に責任を負う内閣だというのです。1894年の日記には、立憲的とは帝国憲法の趣旨にかなうことだが、これは狭い意味であり、広くは憲法の精神にかなうことをいうのだと書いています。憲法の条文にあうかどうかよりも、憲法の精神にかなっているかどうかが大切だというのです。1893年には、人が貴ぶものは、生命、財産、自由、名誉の4つであり、法律はこれを守るためのものだと書き、生命こそがすべてのもとだとしています。

このような立場から、正造は足尾鉱毒反対闘争に立ち上がり、全力を鉱毒問題に投入しました（21ページ参照）。彼は、反対運動に立ち上がった人びとを弾圧した政府を厳しく批判します。

民を殺すのは国家を殺すことだ。法をないがしろにするのは、国家をないがしろにするものだ。民を殺し、法を乱して亡びない国はない。

その後、日露戦争が起こった時には、これに反対して、つぎのように書いています。

自分の主義は無戦論であり、世界各国がみな陸海軍を全廃することを希望し、祈る。人類は平和のためにこそ奮闘すべきだ。これを怠ったり、油断したりすれば、ついに殺伐とした戦争になってしまうだろう。

生存を最大の価値として民権の精神をうけつぎ、また、戦争を批判したのだと言えます。

≪写真≫
左 「亡国ニ至ルヲシラザレバ之レ即亡国ノ義」田中正造の質問主意書
　　（1900年2月17日）出所：衆議院議事部
右　田中正造（1903年頃）提供：佐野市郷土博物館

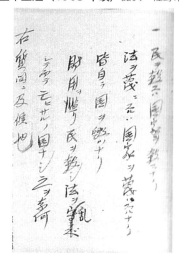 

≪資料≫田中正造の直訴状（1901年12月10日）

　数十万生霊の死命を救い、居住相続の基いを回復し、その人口の減耗を防遏し、かつ我が日本帝国憲法及び法律を正当に実行して、各その権利を保持せしめ、さらに将来国家の基礎たる無量の勢力及び富財の損失を断絶するを得べけんなり。もし然らずして長く毒水の横流に任せば、臣は恐る、その禍の及ぶ所、まさに測る可らざるものあらんことを。

■Ⅱ 「自由民権」を生きる

▶自由党は死んだ──

　自由民権運動をになった政党は自由党でした。しかし、1900年、自由党系の勢力は藩閥官僚系の勢力と妥協して、立憲政友会（党首は伊藤博文）の結成に参加してしまいます。これに直面して、幸徳秋水は自由党を弔う文を書きました。

　自由党は死んだ。光栄ある歴史はまったく抹殺された。二十余年前、専制抑圧の惨毒がみなぎっている時、自由党は産声をあげた。おまえの父母は天地にわき起こる自由平等の正気だった。世界を振るわせた文明進歩の大潮流だった。自由党よ、自由平等のために戦い、文明進歩のために闘ったあの意気・精神は、今、どこにいったのか。

　翌年、秋水は6人の仲間とともに、日本で最初の社会主義政党、社会民主党を結成しました。その宣言は言います。

　18世紀の末、フランスを中心として欧米諸国に広がった自由民権の思想は、政治上の平等を実現する点では大きな効力があったが、経済上の平等を実現することはできなかった。経済上の不公平がなくならない限り、人民多数の不幸はなお存続する。

　社会民主党は、社会主義と民主主義により貧富の差を打ち破って全世界に平和主義の勝利を実現したいと宣言しました。彼らが掲げた理想は、人種の差別、政治の違いにかかわらず、人類はみな同胞だという主義を拡張すること、万国の平和を実現するため、まず、軍備を全廃すること、などでした。社会主義をタテ糸、民主主義をヨコ糸として、運動を進めようとしたのです。ただし、この党は、具体的な活動に取り組む前に禁止されてしまいました。

　幸徳秋水に民主主義を教え、社会主義者に成長する基礎をつくったのは、兆民です。社会民主党の結成に参加した木下尚江も、少年時代、民権家の演説会に出入りして、弁士の演説に感激していたといいます。社会主義運動に加わった堺利彦も、自分の社会主義の根底は、やはり自由民権だと書いています。こうして、自由民権の体験と思想は、社会主義者によって受け継がれることになったのです。

75

≪資料≫社会民主党の宣言（1901年5月18日）
一、人種の差別政治の異同に拘わらず、人類は皆同胞たりとの主義を拡
　　張すること。
二、万国の平和を来す為には先づ軍備を全廃すること。
三、階級制度を全廃すること。
四、生産機関として必要なる土地及び資本を悉く公有とすること。
五、鉄道、船舶、運河、橋梁の如き交通機関は悉くこれを公有とすること。
六、財富の分配を公平にすること。
七、人民をして平等に政権を得せしむること。
八、人民をして平等に教育を受けしむる為に国家は全く教育の費用を負
　　担すべきこと。

③帝国憲法と立憲主義

▶「自由民権」と帝国憲法──

　十数年にわたって展開された自由民権運動の後、政府は1889年、憲
法（帝国憲法）を制定し、その翌年、帝国議会を開設しました。それは、
たしかに民権運動ぬきに語ることができないものです。しかし、その実
現の過程は、政府による運動の解体の過程と一体でした。

　専制政府は自由民権運動に直面して、一方で弾圧と切り崩しをはかり
ながら、他方で天皇の権力を保障するための憲法をつくり、議会を開い
て、支配体制を安定させようとしました。その結果成立したのが、帝国
憲法とこれにもとづく政治体制です。この体制のもとで、日本は軍事優
先、国民生活無視の路線を突き進み、民主主義を置き去りにしたまま、
国民を戦争へと駆り立てていきました。

　すでに見たように（39ページ）、帝国憲法は天皇の名をもって定めら
れ、天皇のもとに絶大な権限を集めていました。中央権力の頂点に位置
づけられたのは、「万世一系」の、「神聖ニシテ侵スベカラ」ざる天皇で

■Ⅱ 「自由民権」を生きる

す。天皇は国の「元首」であり、「統治権ヲ総攬」するものとされました。天皇は、「帝国議会ノ協賛」をもって立法権を行使し、「国務各大臣」の「輔弼」をもって行政権を行使し、司法権は裁判所が天皇の名をもって行うことになっていました。3権分立とはいえ、それらすべての権力は天皇のもとに一元化され、天皇があらゆる権力の源泉に据えられていました。帝国憲法は天皇が議会の協賛なしに執行できる「大権事項」を規定し、法律の裁可・公布・執行、帝国議会の召集・開会・閉会・停会と衆議院の解散、緊急勅令の発布、陸海軍の統帥などを、天皇の専行事項としていました。また、天皇は軍隊を統率し指揮する大元帥（最高位の軍人、最高司令官）でした。

　こうして、帝国憲法はある程度、運動への譲歩を示しつつも、天皇のもとに絶大な権限を集めて、国民の権利と自由を制約しました。この憲法のなかに「国民」という言葉はありません。あるのは、天皇の臣下としての民、つまり「臣民」という言葉です。

　帝国憲法は、「法律ノ範囲内」で「臣民」の権利を認めました（というより「法律ノ範囲内」でしか認めませんでした）。ですから、さまざまな法律によって国民の権利を制限・抑圧することができます。やがて成立した治安警察法（1900年）や治安維持法（1925年）が、国民の権利をその「法律ノ範囲内」に押し込め、自由を封殺していくことになります。

　それにもかかわらず、帝国憲法もまた、君主主権を主要な側面としながらも、憲法である限りは、副次的に君権制限の側面を含まざるをえませんでした。自由民権運動の流れを汲む民党（政党勢力）は、議会に責任を負う内閣の実現、政党内閣の実現を課題として、開設当初の議会で、「超然主義」をとる政府と激しい対抗を演じました。その後、大正デモクラシーの時期には、議会無視の藩閥官僚政治に対して、議会中心の政治運営をもとめる憲政擁護（護憲）運動がおこりました。そして、「民本主義」（政治の目的は民衆の福利にあり、政策の決定は民衆の意向に従うべきだという主張）と、「天皇機関説」（天皇は主権者ではなく、国

家の最高機関であるとする憲法学説）が時代の潮流となりました。その結果、1920年代には、政党勢力の成長を背景として、政党内閣による政治運営が出現していくことになります。

しかし、1930年代半ば、戦争とファシズムの動きが強まるなかで、「天皇機関説」は異端の学説として排除され、議会の形骸化がはかられていきました。

▶自由民権の「花」──

1946年11月、新しい憲法、日本国憲法が公布されました。それは、天皇主権を否定し、国民主権のもと、国民の意思に根差す国会に国権の最高機関としての位置を与えるとともに、基本的人権の尊重を明確にしました。そして、戦争の反省のうえに立って、戦争放棄、戦力不保持、交戦権の否定を規定したのです。戦争の時代、人権抑圧の時代を経、膨大な犠牲をはらって、ようやく植木枝盛らが60年前に思い描いた"夢"が実現したともいえます。あるいは、それは小野梓が待ち望んだ「花」だったのかもしれません。

では、この憲法のもとで、今、私たちはどうあるべきなのでしょうか。小野は憲法について体系的に論じた『国憲汎論』という本の最終章で、「立憲国民」が備えなければならない性質について論じています。人に依頼する心を断ち切り、独立自主の精神を発揮しなければならない。政府が憲法を乱した際、国民がこれを正す実力をもたないならば、憲法の効果はない。「国憲を固執する実力」、つまり憲法を守る実力を養うことこそ、立憲国民の急務だ。彼はこのように訴えていました。

依然として、その課題は今も私たちに突きつけられています。「花」を奪われてはなりません。

植木枝盛が書いた原稿の要旨も紹介しておきましょう（1877年に書いたものです）。

油断すれば大敵のたとえのように、人民が政府を信じれば、政府はこれに乗じて付け込む。もし「良政府」だなどといって信任して疑わず、

監督しなければ、必ず大いに付け込んで何をするかわからない。だから、人民はなるべく政府を監督・視察し、なるべく抵抗しなければならない。これをやめれば、決して良い政治を得ることはできない。まして圧制政府の場合は言うまでもない。民権家が圧制政府に対処するためには、手習いは坂道で車を押すようなものだという言葉を思い浮かべなければならない。

政府は何をするかわからない。油断大敵、権力に対する監視を怠ってはならない。人民は政府を監視・監督して本来の義務を果たさせなければならないというのです。

III

戦争を考える

Poor country and strong soldiers :— The flowers of the nation are so arranged, but the family is not so rich.

「貧国強兵」

　漫画雑誌『東京パック』(1908年11月20日号)に掲載された漫画です。「貧国強兵」の掛け軸の前の床の間には、馬上で剣を振り上げる兵士の置物と、剣に弾丸が付いた生け花が飾られています。漫画の解説には、見事な軸物、いかめしい置物、エンシウ流（軍事「演習」に、生け花の「遠州」流を掛けています）の生け花は立派だが、困ったことに内輪が火の車だ、とあります。日清戦争が終わって3年目の日本。その状況をどう見たらよいのでしょうか。さらに、軍備増強と国家財政の関係、あるいは戦争と国民生活の関係をどう考えたらよいのでしょうか。

Ⅲ　戦争を考える

<年表>

1868　戊辰戦争。

1874　台湾出兵。

1875　江華島事件。

1876　日朝修好条規調印。

1877　西南戦争。

1879　琉球処分。

1882　朝鮮で壬午軍乱。

1884　朝鮮で甲申政変。

1894　甲午農民戦争。日清戦争（〜95）。

1895　日清講和条約。三国干渉。閔妃殺害事件。

1903　平民社創立、非戦論を主張。

1904　日露戦争（〜05）。日韓議定書。第1次日韓協約。

1905　日露講和条約。第2次日韓協約。

1907　第3次日韓協約。

1910　韓国併合、朝鮮総督府設置。

1914　第一次世界大戦に参戦。

1919　ヴェルサイユ条約調印。

1920　国際連盟成立。

1928　不戦条約調印。

1931　柳条湖事件、満州事変。

1937　盧溝橋事件、日中全面戦争（〜45）。

1941　対英米開戦、アジア太平洋戦争（〜45）。

1945　米軍、沖縄本島占領。原爆投下。ポツダム宣言受諾＜➡Ⅳ＞。

■Ⅲ　戦争を考える

　近代日本の戦争をどうとらえるかは、過ぎ去った過去の問題というよりも、むしろ日本の現在と未来に深くかかわる問題です。かつての戦争（日中戦争）が侵略戦争であったことを否定したり、曖昧にしようとする意識は、今も日本社会のなかに根強くあります。アメリカと戦争を始めたのは、経済封鎖で追い詰められたためであり、自衛のためにやむをえなかった。あの戦争（アジア太平洋戦争）は欧米の支配からアジアを解放するための戦争だった。そうした戦争観がその背後にはあります。

（1）近代日本の戦争をどう見るか

①戦争の連鎖──対外戦争と植民地

▶「明治」の内戦と軍隊──

　「明治150年」は「戊辰150年」でもありました。新政府軍によって会津若松城を包囲され、白虎隊の少年たちが飯盛山で自刃したのは、「明治」改元の2週間前、1868年10月8日（慶応4年8月23日）のことです。「明治」は戊辰戦争の内戦の渦中に幕をあけました。新政府側と旧幕府・佐幕派側との間で繰り広げられたこの戦争は、1868年1月の鳥羽伏見の戦いから、翌年5月の五稜郭の戦い（箱館戦争）まで、約1年5ヵ月に及びました。戦場となったのは、近畿地方から蝦夷地に及ぶ東日本1帯です。

　それから9年後の1877年9月、西郷隆盛らが鹿児島の城山で自刃しました。1877年2月、西郷ら旧薩摩藩士族の挙兵に始まった西南戦争は、西郷軍の敗北に終わりました。この内戦を経て、日本の軍事力は、対外的な、外向けの軍事力へと編成替えされていきました。

　戦争とは、組織化された集団の間の、武力による流血的な闘争のことです（小学館『日本大百科全書』「戦争の歴史」）。闘争の主体は個人ではなく、集団・組織であり、闘争に際しては暴力・武力が用いられます。その暴力・武力は、主に武器・弾薬などの物的な要素と、戦闘要員など

83

の人的な要素によって構成されます。したがって、戦争という流血的な闘争を想定する社会では、日常から物的な要素と人的な要素の確保と充実につとめ、"有事"に際してこれを動員して、流血的な闘争に臨むことになります。人的な要素の中心は、もちろん軍人・兵士です。

　兵士を確保するため、日本の近代国家はスタートとともに徴兵制を採用しました。志願兵などを中心とするイギリスやアメリカの軍隊とは異なり、徴兵による国民軍隊を生み出したのはフランスでした。プロイセン（ドイツ）も、19世紀のはじめ、国民皆兵による徴兵制を確立していました。日本の陸軍は、フランスの軍事制度に学んで、兵役を国民に義務づけ、徴兵による軍隊を組織していきました。最初は徴兵を免除する規定がいろいろあったのですが、次第にこれを撤廃し、1889年、国民皆兵の制度を確立しました。すべての男性に対して、兵士となること、兵士であることが強制される社会になったのです。大元帥である天皇のもと、近代日本の戦争を担ったのは、強制的に徴兵された兵士たちでした。

▶日清戦争と朝鮮・台湾──

　徴兵による最初の対外戦争が日清戦争です。1894年5月、南朝鮮一帯に農民反乱が広がりました（甲午農民戦争）。朝鮮政府は清に出兵を要請し、日本もただちに朝鮮に出兵しました。農民軍が撤退した後も、日本は清の拒否を見越して、共同で朝鮮の内政改革にあたろうと提案し、軍隊をそのまま居座らせました。7月、イギリスとの新通商航海条約の調印にこぎつけた日本は、朝鮮王宮を軍事占領して親日的な政権をつくって、日清戦争をはじめました。また、朝鮮政府の求めに応じるという大義名分のもと、朝鮮の内政に干渉しつづけました。いったん撤退した農民軍は、同年秋、ふたたび蜂起しました。これに対して日本軍は徹底的なせん滅戦を展開しました。

　1895年4月、講和条約で日本は朝鮮に対する清の支配権を排除しました。また、遼東半島・台湾・澎湖列島と賠償金2億両（約3億円）などを手にいれました。しかし、講和条約調印の6日後、ロシア・フラン

ス・ドイツは遼東半島を清に返せと日本に迫りました（三国干渉）。日本政府はやむなくこれを受諾し、国民を新たな戦争準備へと駆り立てていきました。

戦争に勝利した結果、日本は植民地（台湾）をもつ国となりましたが、台湾では反対運動が高まりました。これに対し、日本は軍隊を出動させて征服戦争を展開して、台湾を軍事制圧しました。日清戦争は、清との戦争だけでなく、朝鮮との戦争、台湾征服のための戦争という3つの戦争が複合した戦争だったのです。

≪地図≫日清戦争の戦場

出所：『高校日本史B新訂版』（実教出版）

▶日露戦争と韓国併合──

戦後、来るべきロシアとの戦争に備えて、日本社会の帝国主義化をはかる政策がすすめられました。中心は軍備の拡張、経済力の強化、植民地台湾の支配などです。日本は自らが始めた日清戦争の結果、東アジアに権力の真空地帯をつくってしまいました。日清戦後、東アジアは国際政治の焦点となり、列強はこぞって中国侵略の動きを強めました。日本もまた、これに参入しようとしました。

中国での義和団の蜂起に対して、1900年、列国は連合軍を組織して弾圧しました（北清事変）。日本もこれに加わり、列強の「極東の憲兵」の役割を果たしました。北清事変後も満州（中国東北部）にいすわりつづけるロシアが、日本の朝鮮支配を脅かしている。朝鮮を取られたらあぶない。ロシア→満州→朝鮮→日本。こうした脅迫観念からすると、朝鮮半島は日本に突き付けられた「刃」に見えてきます。取られる前に取れ。外から脅威が迫っている。そうした主張が戦争を正当化させました。当時、ロシアが日本を侵略することなどありえませんでした。しかし、朝鮮は"防衛線"だと主張すると、朝鮮に対する侵略が"祖国防衛"に

≪地図≫日露戦争の戦場

出所:『高校日本史B新訂版』(実教出版)

見えてくるのです。1903年、ロシアが満州からの第二次撤兵を行わず、かえって軍隊を増強しているという情報が伝わると、ロシアと戦えと主張する声がいっきに強まりました。ほとんどの新聞が開戦論を展開しました。

1904年2月、ついに日本はロシアとの戦争に踏み切りました(日露戦争については、97～111ページで詳しく述べます)。日本にとって、この戦争の焦点は朝鮮支配を確保することにありました。開戦から2週間後、ソウルを軍隊で占領した日本政府は、韓国政府に日韓議定書の調印を迫り、日本に従属することを承認させました。そして5月、政治・軍事・外交・財政の実権を日本がにぎり、経済上の利権を拡大するとの基本方針を閣議決定して、8月の第一次日韓協約で顧問政治を実現させました。

翌年9月、日露両国は講和条約に調印して、戦争は日本の勝利に終わりました。賠償金はとれず、獲得した領土は樺太の南半分という"戦果"に、重圧にたえてきた民衆の不満は爆発し、暴動をおこしました(日比谷焼打ち事件)。

しかし、政府は講和条約で念願を達成しました。韓国に対する支配権を認めさせ、旅順・大連の租借権と、長春以南の鉄道を譲り受けました。大陸への足場を手に入れたのです。ただちに第二次日韓協約を強制して、韓国を保護国としました。朝鮮の民衆は激しい武装闘争をおこして抵抗し(義兵闘争)、これに対して日本軍は弾圧を加えました。一方、遼東半島の租借地を関東州とし、南満州鉄道株式会社を設立して、中国侵略の根拠地をつくりました。1910年8月、日本は韓国という国家を消滅させ、植民地としました。開国から50年、日本は列強の抑圧を受ける

■Ⅲ　戦争を考える

国家から、他民族を抑圧する国家に転換したのです。

▶戦争と植民地——

　日本が二度にわたって戦った相手は、清であり、ロシアでした。そして、いずれの場合も、戦争を進めつつ、日本は朝鮮政府に圧力をかけ、あらかじめ日本が決定したプランを押しつけました。したがって、形式上は、つねに合意にもとづきとか、朝鮮側の要請に応じてといった装いをとりながら、植民地化への道程を掃き清めていきました。このことも、植民地支配を支配として意識しにくくしています。そもそも力のみによる植民地支配は不安定です。したがって、植民地支配は、つねに相手国のなかに呼応する勢力、受け皿となる勢力を養成しながらすすめられます。

　しかし、実際には、朝鮮の民衆は、日清戦争下でも日本の介入に対して立ち上がっていました。日露戦争後の植民地化の過程においても、激しく抵抗していました（義兵闘争）。やがて植民地となって以後も、独立の運動に立ち上がっていくのです（三・一独立運動）。日本は、軍隊の力でこれらを圧殺しました。

　「日・清」や「日・露」という強国同士の支配地域をめぐる戦争の講和は、強国同士の"平和"にとどまって、強国の"取引き"対象とされた地域にとっては、むしろ反征服・反侵略の戦争を展開するきっかけとなりました。講和は戦争の終結ではなく、植民地戦争を引き起こしたのです。日清戦争・日露戦争を東アジアの視点で考えてみることが大切です。

②第一次世界大戦 "体験"

▶未発の転換——

　日露戦争の結果、日本は旅順・大連の租借権と、長春—旅順間の鉄道権益をロシアから譲り受けました。大陸侵出の足場を手に入れたのです。矛先は中国大陸に向けられました。朝鮮を植民地とすることによって、以前から東アジアの係争点となってきた朝鮮問題は、日本の"内政問題"にされました。しかし、中国問題はそう簡単ではありません。

　日本は、ヨーロッパを主戦場として勃発した第一次世界大戦を絶好のチャンスとして、ドイツが中国に築いてきた利権を横取りしようと、"火事場泥棒"的に在中国のドイツ軍に攻撃を仕掛けました。日英同盟を口実としてドイツに対して宣戦布告し、中国の山東半島に上陸して、アジアにおけるドイツの拠点青島（チンタオ）を占領したのです。戦闘に参加した日本兵は約5万人、戦傷死者は1929人です。また、日本は赤道以北のドイツ領南洋諸島を占領しました。

　世界大戦とはいっても、戦争の中心はヨーロッパだったので、アメリカと日本は軍需物資の供給地として、戦争景気にわきたちました。しかし、ヨーロッパ諸国は、この戦争で膨大な惨禍をこうむりました。戦死者（戦病死者を含む）は、イギリス・フランス・ロシアなど連合国側が515万人、ドイツ・オーストリアなど同盟国側が338万人と推計されています。合計で853万人にのぼります。

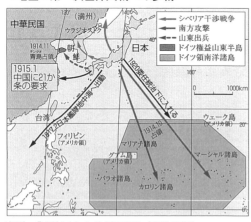

≪地図≫第一次世界大戦への参戦

出所：『高校日本史B 新訂版』（実教出版）

前線での大量の殺戮と塹壕戦の体験、すべてを戦争へと駆り立てる総力
戦の体験が、ヨーロッパの人びとの戦争観を変えました。戦争による犠
牲と被害のあまりの大きさから、戦後、平和を求める気運が国際的に高
まっていきました。

　1920年には、平和を確立し、国家間の協力を進める世界で最初の国
際機構が発足しました。国際連盟です。最初の加盟国は42ヵ国で、日
本もイギリス・フランス・イタリアとともに常任理事国となりました。
しかし、アメリカは議会の反対によって参加せず、敗戦国のドイツも参
加を認められず、ソ連もずっと参加しませんでした。このため、十分に
力を発揮することができませんでした。

　一方、戦争そのものを違法なものとしようとする試みもあらわれるよ
うになりました。第一次世界大戦は莫大な犠牲者を出しました。戦争の
手段も飛躍的に"発達"しました。毒ガスが大量に使用され、海には潜
水艦、空には航空機が登場して、空襲というかたちの新しい戦争が生ま
れました。戦争の被害は格段に増大し、一般の住民にも戦争の被害が直
接に及ぶようになったのです。こうしたことから、戦後、戦争そのもの
を見直そうとする動きが高まってきました。

▶戦争違法化と日本──

　ベルサイユ講和条約には、国家元首の戦争責任の追及、残虐行為の処
罰など、戦争犯罪に関する規定が盛り込まれました。また、条約第一編
の国際連盟規約では、戦争の制限・禁止を規定しました。国際紛争は平
和的に解決すべきものとし、これに違反して戦争を開始した国には、侵
略国として制裁を加えることになったのです。1920年1月、条約の発
効とともに、国際連盟が発足しました。

　国際連盟は、1924年10月、国際紛争の平和的処理に関するジュネー
ヴ議定書（平和議定書）を全会一致で可決しました。また、1928年8
月には、アメリカの国務長官とフランスの外相の提唱により、フランス・
アメリカ・イギリス・ドイツ・イタリア・日本など15ヵ国が、パリで

> **≪資料≫「戦争ノ抛棄ニ関スル条約」（パリ不戦条約、1928 年 8 月 27 日）**
>
> 第 1 条　締約国ハ国際紛争解決ノ為戦争ニ訴フルコトヲ非トシ、且其ノ相互関係ニ於テ国家ノ政策ノ手段トシテノ戦争ヲ抛棄スルコトヲ其ノ各自ノ人民ノ名ニ於テ厳粛ニ宣言スル。
>
> 第 2 条　締約国ハ相互間ニ起コルコトアルベキ一切ノ紛争又ハ紛議ハ、其ノ性質又ハ起因ノ如何ヲ問ハズ、平和的手段ニ依ルノ外之ガ処理又ハ解決ヲ求メザルコトヲ約ス。

不戦条約に調印しました。国際紛争解決のため戦争に訴えることを非とし、「国家ノ政策ノ手段トシテノ戦争ヲ放棄スルコト」を宣言したのです。また、締約国は相互の間でおこる一切の紛争や紛議を「平和的手段」によって処理・解決することも申し合わせました。ただし、自衛の戦争は認め、また、制裁のための規定もありませんでした。1929 年、日本もこの条約を批准しました。

　こうして、第一次世界大戦後の 1920 年代、国際紛争の平和的な解決をめざす潮流、戦争違法化の流れが強まっていました。日本はこうした流れに積極的ではありませんでしたが、この段階では特に異議をとなえることなく受け入れました。

　一方、日本は第一次世界大戦中、中国政府に対して 21 ヵ条にわたる過大な要求を突き付け、これをのめと迫りました。大戦後の講和会議の席でも、要求のうち、山東省支配の承認を何としてもとりつけようとしました。当然のことながら、中国民衆は激しい反日の民族運動に立ち上がりました。この五・四運動をきっかけとして、中国では反日的な民族運動が激しくなっていきました。

　こうして、侵略の矛先には、中国のナショナリズムが立ちはだかり、また、周囲からは列強の牽制力が強まりました。その突破をはかろうとして、策略と謀略による暴走がはじまります。こうした状況のなかで、日本は紛争を収拾する方向、解決する方向をとらず、紛争をいよいよ拡大させていきます。

■Ⅲ　戦争を考える

③十五年戦争の時代──メディアと戦争

▶満州事変と「暴支膺懲」──

　第一次世界大戦を機として拡大した日本の中国政策は、結局、崩れ去
り、日本は国際的な孤立を深めざるを得ませんでした。これを強引に押
し切ろうとしたことから、「昭和」期の戦争への道が開かれていくこと
になります。ただし、それは、これまでの戦争のように、公然と戦争開
始を宣言して開戦する戦争ではありませんでした。

　1931年9月19日の朝、奉天駐在の日本の鉄道守備隊と中国兵が衝突
し、目下激戦中であるとの臨時ニュースがラジオから流れました。満州
事変の第一報です。中国側が満鉄線路を爆破し、日本側の守備隊が応戦
したという "事実" が報道され、相手側の不当性と日本軍の正当性が強
調されていきました。

　満州事変が関東軍の謀略であったことは、今日、歴然としています。
関東軍が自ら満鉄線路を爆破し、これを中国側の仕業に見せかけて、攻
撃を仕掛けたのです。しかし、当時の人びとは、その事実を知る由もあ
りません。国民の意識は反中国と軍事行動の正当化へと大きく傾斜し、
急速に中国に対する戦争熱が高まっていきました。

　侵略に対する抵抗を排除するためのスローガンは、「暴支膺懲」（ふと
どきな中国をこらしめる）でした。日本が実質的に支配する傀儡国家「満
州国」は、理想の天地「王道楽土」だと宣伝されました。

▶日中全面戦争と「東亜新秩序」──

　1937年7月7日夜、中国の北京郊外に鳴り響いた一発の銃声をきっ
かけに、日本は中国に対する侵略戦争を本格化させました（盧溝橋事件）。
政府は戦争を拡大しないと声明しましたが、他方で華北に派兵し、停戦
への道を閉ざしてしまいました。8月には上海でも日中両軍が衝突し、
宣戦布告もないままに中国との全面戦争に突入していきました。そして、

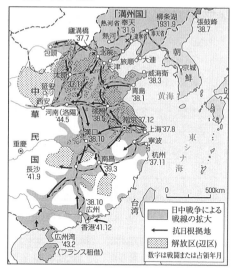

≪地図≫日中戦争

出所：『高校日本史B新訂版』（実教出版）

12月、国民政府の首都南京を占領したのです。日本の国内は、「南京陥落万歳」の歓呼にわきたちました。ほとんどの国民は、そこで何があったのか、大虐殺の事実を知るよしもありませんでした。侵略のいっそうの拡大は、「東亜新秩序の建設」によって正当化されていきました。

　人びとの認識・意識は、日々の生活のなかで取り込む情報によって左右されていきます。自分が体験していないこと、見聞していないことも、情報に接することを通じて"体験"します。事実の認識の間を仲立ちするのがメディアです。メディアは、一方で、当局の検閲・取締りによって統制されるとともに、他方で、情報宣伝の手段として、積極的に活用されていました。メディアの側も、主体的に戦争を煽りたてていきました。メディアは真実を伝えるのではなく、軍部・政府の意のままに、活字・図像・音声・映像などによって、国民をだます役割を果たしつづけたのです。

▶アジア太平洋戦争と「大東亜共栄」

　1941年12月8日、陸軍はマレー半島（イギリスの植民地）のコタバルと、タイに奇襲上陸し、海軍はハワイの真珠湾を奇襲攻撃しました。太平洋をはさんだアメリカとの戦争に踏み切っただけでなく、東南アジアの各地でも、ほぼ同時に戦争を起こしました。天皇は宣戦の詔書を裁可し、正式にアメリカ・イギリスとの戦争に突入していきました。

　開戦から2日後の12月10日、大本営政府連絡会議は、今回の「対英米戦争」と今後おこるだろう戦争は、「支那事変」も含めて「大東亜戦争」

Ⅲ 戦争を考える

と呼ぶと決定しました。「支那事変」というのは、1932年以後の日中全面戦争に対して政府が与えた名称ですが、ここで「支那事変」も含め、と言っているのは、1932年までさかのぼって「大東亜戦争」と呼ぶということではなく、中国地域での戦争を含めてこう呼ぶという意味です。

では、政府はなぜ「大東亜戦争」という呼び方を選んだのでしょうか。12月12日、内閣情報局は「大東亜新秩序建設」を目的とする戦争だからと説明しています。それは、日本の海外侵略を合理化するための呼称でした。その背後にあった（というよりも前面に掲げられた）のは、「大東亜共栄圏」の構想です。それは、「大東亜」を掲げることによって西欧を排除するとともに、「共栄」を掲げることによって、「文明」国日本の"君臨"を正当化しました。しかし、それが虚偽と欺瞞に満ちたものであることは、言葉ではなく、事実が証明しています。

日本は、ヨーロッパの支配からのアジア解放をかかげたにもかかわらず、自らの植民地である朝鮮を解放しようとしたことは、一度もありませんでした。そして、むしろ日本の植民地化は欧米の植民地支配とは違うのだと主張しました。その際に登場するのが、日本はアジアの一員なのだ、仲間なのだという論理です。他民族に対する支配を支配とは意識しない。文明化を強調することによって、植民地支配はお前のためだと

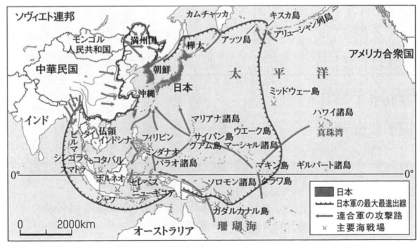

≪地図≫アジア太平洋戦争

出所：『高校日本史B　新訂版』（実教出版）

いう主張がまかり通ることになります。

　植民地支配がその地域の近代化、合理化、経済と産業の発展を進める
のは、一面で当然なことです。大航海時代、スペインが中南米で行った
ような略奪的な植民地支配の時代は過去のものとなっています。しかし、
他面、その近代化は植民地支配に特有の歪みをおびざるをえませんでし
た。そもそも近代化は、朝鮮のためではなく、日本の利益（たんに経済
的というよりは、政治的・軍事的な意味あいを含めて）のためにこそ必
要だったのです。

▶戦局の推移と戦争による死──

　1941年12月、日本軍はマレー沖海戦でイギリス軍に勝利し、香港に
上陸。1942年1月にはマレー半島の各地を占領し、2月にはシンガポー
ルを占領しました。イギリスの支配をくずして、これにとってかわった
のです。一方、1941年12月には、アメリカが支配するフィリピンのル
ソン島に上陸し、以後、フィリピンの占領をすすめていきました。オラ
ンダ領東インド諸島については、1941年12月、ボルネオ島に上陸し、
以後、スマトラ島、ジャワ島の占領をすすめました。

　しかし、1942年6月のミッドウェー海戦の失敗を転機として戦局は
かわり、主導権はアメリカ側にうつっていきました。7月、日本軍は南
太平洋のガダルカナル島に飛行場をつくりましたが、これに対してアメ
リカ軍は奇襲上陸して飛行場を奪取し、日本軍との間で、双方が大量の
陸海軍力を投入する激戦となりました。日本軍は上陸兵力3万人余に対
して2万人以上が戦死して（餓死を含む）、敗退し、以後、守勢に追い
込まれていきました。

　1944年3月、ビルマから山岳地帯を越えてインドに侵攻するインパ
ール作戦も、完全な失敗に終わって、7月に打ち切られました。その間
の日本軍の戦死者は3万人、病死者は2万人を超しました。10月、フ
ィリピン周辺海域でのレイテ沖海戦にも、日本は敗れました。

　1945年2月、アメリカ軍は日本本土攻撃の基地を確保しようと、硫

Ⅲ　戦争を考える

黄島に大艦隊を差し向けました。日本軍の守備隊はアメリカ軍との激しい戦闘の末、全滅しました。戦死者は約2万人にのぼります。

　3月、アメリカ軍は沖縄本島に艦砲射撃や爆撃を加え、4月、上陸しました。6月、日本軍の司令官らが自決して、沖縄戦は終わります。軍人11万人だけでなく、県民の4分の1にあたる約15万人が死亡しました。そればかりではありません。日本軍は県民をスパイ容疑で殺害したり、また、「集団自決」を強制していたのです。

　日本本土を空から襲撃する空襲は、1944年6月のB29爆撃機47機による北九州空襲以来、本格的なものとなっていきました。これは、中国の基地から発進したものでしたが、やがて米軍は太平洋上のマリアナ諸島（サイパン島・グアム島など）を占領して、日本本土を激しく直撃するようになりました。とくに1945年3月10日の東京大空襲では約10万人が死亡し、27万戸の家が焼き払われました。以後6月半ばにかけて、東京・川崎・横浜・名古屋・大阪・神戸などの市街地を空襲が繰り返し襲いました。さらにその後8月にかけて、空襲は青森から鹿児島までの全国の主な地方都市に及びました。

　そして、8月6日、米軍は広島に原爆を投下しました。一瞬にして街の92パーセントが崩壊し、42万人が被爆したと推定されています。被爆から4ヵ月のうちに奪われた生命は、9万人から12万人。その3日後の9日、2発目の原爆が襲った長崎では、街の36パーセントが破壊され、6万人から7万人の生命が奪われました。

　そして、8月15日、国民はラジオから流れてくる天皇の声によって、敗戦という現実を知ったのです。「9・18」から「8・15」への足かけ15年間、メディアは国民の戦争認識を左右する姿なき主役でした。そして、ラジオがなければ、あの戦争は、あのようなかたちでは終わらなかったことでしょう。

　1937年からの日中戦争・アジア太平洋戦争で200万人を越える兵士が戦死しました。他方、8年間の日本による侵略戦争の結果、中国では331万人の軍人・兵士が戦死・戦傷し、842万人の民間人が戦死・戦傷

95

したといいます。膨大な数にのぼります。そのなかの「一人」「一人」に、かけがえのない一度だけの人生があったのです。

　軍人として戦場を体験した歴史家の藤原彰氏は、その著『餓死した英霊たち』（青木書店）で、日本軍の戦没者の半分以上が餓死者であったとしています。「靖国の英霊」の実態は、華々しい戦闘の中での名誉の戦死ではなく、飢餓地獄の中での野垂れ死にだったとして、大量餓死の責任を死者に代って告発したのです。日本軍は、アジア各国に膨大な惨害をもたらしただけでなく、内（日本の兵士・国民）に対しても、無法・残虐だったといえます。

　このような戦争を推進した国家の責任、指導者の責任は、きわめて大きいといえます。戦争に対して寛容であることは、戦争の本質を見る目を曇らせます。戦争を見る目、歴史を見る目を鍛えていくことは、日本の現在と未来にとって、不可欠の課題です。

▶近代日本にとっての戦争——

　近代の日本は、およそ10年きざみで、大きな戦争をくりかえしてきました。日清戦争（1894年）、日露戦争（1904年）、第一次世界大戦（1914年）、満州事変（1931年）からの日中戦争、そして、アジア太平洋戦争（1941年）です。これらの戦争のどれもが、日本の近代の大きな節目となってきました。その意味で、近代の日本は典型的な"戦争国家"だったといえます。こうして、戦争の終結はつぎの新しい戦争の"戦前"となり、戦争準備のための軍備拡張が重ねられてゆきました。

　そして、これらの戦争のどれもが、アジアに対する膨張と密接に結びついていました。日清戦争と台湾植民地化（1895年）、日露戦争と韓国併合（1910年）、第一次世界大戦と21ヵ条要求（1915年）、満州事変と「満州国」建国（1932年）、そして、アジア太平洋戦争と「大東亜共栄圏」の"建設"のように。ですから、日本の近代史は、とくに朝鮮（韓国）・中国の近代史と分かちがたく結びついているのです。

■Ⅲ　戦争を考える

（2）日露戦争から戦争を考える

①戦争国家のシステム

▶日露戦争を考えるポイント──

　戦争国家のつくられ方を、日露戦争を例にとって考えてみましょう。
日露戦争とはどのような戦争だったのでしょうか。日露戦争の歴史から
何を学ぶべきでしょうか。

　ペリー来航の翌1854年に日本は日米和親条約を締結して開国しまし
た。この開国から日露戦争までの50年間は、日本が不平等条約によっ
て欧米諸国に押さえつけられている立場を、条約改正によって転換させ
ていった期間です。そのために富国強兵がはかられ、対外的な戦争政策
がすすめられていきました。

　その大きな節目が、1894年の日清戦争と1904年の日露戦争です。日
清戦争と同時並行で領事裁判権の撤廃を実現し、日露戦争後の1911年
には関税自主権を回復して、対等条約を実現しました。しかし、その一
方で日清戦争では朝鮮への影響を強め、台湾を植民地化し、日露戦争で
は朝鮮の保護国化への道を本格化させ、アジアに従属を強制する路線を
たどっていきました。日本は、日露戦争によって、当時の言葉で言うと
「一等国」の仲間入りをしました。「一等国」への仲間入りをするために、
富国強兵＝戦争国家化の道をすすめ、それによって列強にくみする路線
を歩んだのです。

　こうした時代の流れをふまえたうえで、日露戦争をどのような戦争と
してとらえるのか、4つほどポイントを指摘したいと思います。

　一つは、日本の戦争国家化による近代化の特性が顕著にあらわれたと
いうことです。アジアの安定こそが日本の役割だと言われ、文明とアジ
アの安定を大義名分として戦争はおこなわれました。「一等国」化とア
ジアへの従属の強制は表裏一体の関係で展開しました。

97

二点目は、日清戦争と同様に、日露戦争も日本の国土でおこなわれた戦争ではないという点です。ちなみに、近代日本の対外戦争は、沖縄戦や空襲・原爆の体験以外、主要な戦争は、日本以外の、とりわけ朝鮮半島、中国東北部で展開されました。「防衛」を口にしたにもかかわらず、戦争は日本の国境の外でおこなわれたのです。

　三点目は、ロシアと戦うことで、日本が何を実現したのかという点です。この戦争の本質はロシアとのあいだで朝鮮・「満州」の支配をあらそうことにありました。日露の戦争ですが、実際に分割され、勢力圏の移動の対象となった地域は朝鮮半島と中国東北部でした。ですから戦争を見るとき、日露戦後をふくめて朝鮮・韓国の支配の問題が浮かび上がってこざるを得ないのです。

　大江志乃夫氏が主張する「植民地戦争」という視点で考えると（『日露戦争と日本軍隊』立風書房）、日清戦争は台湾征服戦争、日露戦争は朝鮮征服戦争と一体の戦争であったことが見えてきます。実際、日本は日露戦後、朝鮮の民衆の激しい抵抗に直面し、軍事衝突をくり返すことになります。義兵闘争と言われる朝鮮の人びとの抵抗とこれに対する軍事的な弾圧がくり返され、大江氏によると約2800回の交戦がおこなわれ、日本の支配に対抗する義兵の参加数は合計14万人を越えたと言います。義兵の死者は1万7000人を越えています。日露戦争を、戦後に継続された朝鮮征服のための戦争とワンセットにしてとらえる視点が必要です。

　四点目は、戦争と国民の関係です。日露戦争は、日清戦争をはるかに上回る大規模な戦争になりました。日清戦争に比べ、兵力の動員は4.5倍、戦費は9.9倍、戦死者は6.1倍、戦闘死者数は42.4倍となりました（井口和起『日本帝国主義の形成と東アジア』名著刊行会）。国民にとって戦争がいかに大きな負担だったかがわかります。しかし、すでに国民は戦争に大量に動員されざるを得ない構造に組み入れられていました。日清戦争後から軍事費と兵力の負担が営々と積み重ねられてきていました。対外戦争のために国内のさまざまな矛盾や対立を棚上げしながら、

Ⅲ 戦争を考える

国民はロシアとの戦争に総動員されていきました。日露戦争は、その後に続く総力戦的な性格をもった戦争の最初であり、それは経済力だけでなく、精神的な面もふくめ、銃後の国民を戦争に動員していくことになりました。そういう戦争を世界史上、はじめて体験することになったのです。

▶ヒト（兵士）とモノ（兵器・物資）はどう準備されたか──

では、実際に、日露戦争はどのようにして準備されていったのでしょうか。戦争国家の形成にかかわる問題にすすみます。

戦争は、武器や弾薬という物的要素と、戦闘する兵士という人的要素を、不可欠の構成要素とします。日本は、兵士については、近代国家のスタート、1872、73年から富国強兵の保障として徴兵制を採用しました。当初は、徴兵を免除するさまざまな規定もありましたが、やがて1889年には、免除条項がすべてなくされて完全な国民皆兵制に組み替えられました。兵士は20歳以上の成年男子から集められ、現役兵として兵営で訓練され、満期になって除隊後も戦争に際して再び動員されるという仕組みが具体化していきました。その最初の本格的な発動が日清戦争であり、つづく日露戦争で全面化しました。

兵器の問題では、日露戦争は、技術的に完成した連発小銃で武装された大兵力が正面から衝突した最初の戦争となりました。近代的な兵器が動員され、本格的に使用されるようになった結果、大量の犠牲者が出ることになりました。また、砲弾が大量に消耗されるので、それを支えるための軍事工業も不可欠になりました。兵器を補充するための工業動員がおこなわれ、国内の

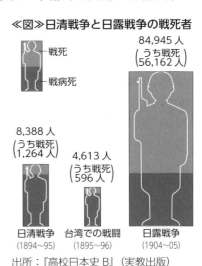

≪図≫日清戦争と日露戦争の戦死者

日清戦争 (1894〜95) 8,388人（うち戦死1,264人）
台湾での戦闘 (1895〜96) 4,613人（うち戦死596人）
日露戦争 (1904〜05) 84,945人（うち戦死56,162人）

出所：『高校日本史B』（実教出版）

99

経済力を戦争に向けて総動員することがおこなわれました。兵員の面でも兵器の面でも大量に動員され消耗される戦争となったのです。

　戦争に際しては、さまざまな物資の調達がおこなわれます。馬や食料なども戦争には不可欠です。生産した物資や食料、えさ、馬は兵士とともに、軍事輸送されることが必要です。当時、鉄道はまだ国営ではなかったため、開戦の直前には、鉄道を軍事的に使用する指令が出され、軍の輸送が義務づけられ、物資や人を目的地まで直通で走らせることが、処罰をともなって強制されました。

　『原敬日記』を読むと、この軍事輸送が国民生活に影響をあたえていた様子が出てきます。原敬は当時、立憲政友会という政党の幹部でした。2月10日に宣戦布告した後の18日の日記には、「午前帰京、大阪より東京まで軍隊輸送に付殆んど二十六時間を要する事となれり」とあります。28日には「午後盛岡着、兵隊輸送の為め二十六時間を要せり」、さらに3月8日にも「大阪着、兵隊輸送中にて東京より大阪まで二十六時間を要し」といった記述があります。「直通列車不足の為め殆んど空席なく困却せり」とも書いています。軍事輸送が国民生活の上に影響を及ぼしていたことがわかります。

　なお、陸上で輸送地に集結したものを、今度は船で海上輸送し、戦場である朝鮮半島や中国東北部に輸送していくのです。

▶カネ（軍事費）はどこから来たか──

　このような戦争をすすめていくうえで、軍事費の確保、財源の確保は不可欠でした。この点でも、日清戦争後から戦争準備のための態勢がとられていました。まず、日清戦争の後、軍備拡張計画が打ち出され、大軍拡をすすめるための財政措置として日露戦争までの間に3回の増税がはかられました。とくに直接税以外に酒やたばこ、営業税などさまざまな間接税が大量に取り立てられるようになりました。日清戦争の前、3対2だった直接税と間接税の比率は、日露戦争前の1902年になると逆転して2対3になっています。さまざまなものに税をかけて軍事費を確

保し、軍備拡張につぎ込んでいったのです。

陸軍は日清戦争の終結時点で平常時7万人、戦時21万人でしたが、8年間に平常時15万人、戦時60万人に増強する計画が打ち出され、師団編成も7師団が13師団となりました。これが増税と裏表の関係ですすめられたのです。軍事工場の増設も図られ、生産設備が拡充されていきました。こうして日露戦争にむけ、軍備拡張をすすめるための財政措置がとられました。

さらに日露戦争にさいしては、戦時の特別税（非常特別税）として、2回にわたって増税がされました。これまでの地租や営業税・所得税・酒税などの税目ごとに増税分が決められたものでした。これによって4億円の経費を確保し、戦争の遂行を保障したのです。

しかし、それだけでは経費が足りず、公債の発行で大量の借金を抱え込みながら軍事費を捻出していきました。日清戦争の8倍もの軍事支出17億円をまかなうために、その7割を公債で手当てしました。しかし、財政的に戦争の継続が困難になってきているようすは、『原敬日記』でも1905年4月あたりからうかがうことができます。

以上のように兵力、兵器、輸送などをふくめた戦争体制の形成と、その保障としての財政措置によって、総力をあげて戦争に突入していきました。

しかし、戦争が長期化すれば戦争継続が不可能となることは明らかです。戦争の終結にむけて動かざるをえなくなります。これが1905年の春から夏にかけての状況でした。

②メディアと教育の役割

▶国民意識はどう動いたか——

生活全般が戦争に動員されていくなかで、国民意識がどう動いたのかを考えてみましょう。なぜなら、戦争は兵士を戦場にかり出し、大量の戦死者を出します。兵士は貴重な労働力であり、農業労働の働き手です

から、戦争への動員によって一家は柱を失うことになります。戦死すれば、後に残された家族の問題を生み出し、ケガをすれば傷痍軍人、当時の言葉で言えば廃兵の問題をひきおこすなど、人的に大きなダメージを国民にあたえていきます。税金など戦時の増税政策と統制が加えられ、さまざまな民衆への負担が強いられました。にもかかわらず、戦争を正当化する論理とメディアの報道あるいは情報操作で、戦争に向けて国民は精神的にも大量動員されていくことになったのです。

　実際に1905年の春から夏にかけて、戦争の継続が不可能になっていくなか、政府側は戦争終結に向けてアメリカの仲介を得ながら講和の算段をとりはじめました。ところが、国民の側ではむしろ戦争を勝利に導くことによって、いままで払った犠牲の穴埋めをすべきだという意識が生まれてきました。その結果、1905年8月、講和会議が展開される時期に講和反対論が高まり、ロシアに大きな打撃をあたえることによって、領土や賠償金を確保すべきだとの主張が強まりました。すでに4月、原は桂首相に対して、どのような条件で戦争を休止しても国民の多数は満足しないだろうと述べ、桂もこれに同意しています。

　そして、9月5日の講和条約調印の日、日比谷焼打ち事件という大暴動に発展します。払った犠牲の大きさに比して、領土の拡張は樺太の南半分、賠償金はなしという結果が、国民の強い不満を引き起こしてしまったのです。こうした民衆の意識をどう見るのかは大事な問題です。

　戦争を肯定する意識がつくられていった背景として、新聞がはたした役割が大きかったといえます。日露戦争にたいして批判的な議論を展開した『平民新聞』という新聞があります（105ページを参照）。社会主義者が発行していたものですが、同紙の1904年3月6日号は、当時の新聞について、「戦争開始以来、彼等は単に戦争を謳歌し、露国を嘲罵（あざけりののしる）し、軍人に阿諛（へつらう）し、献金（つまり軍事費）を煽動する外、何事を為せりや」と書いています。新聞は、日露戦争を推進するための道具に化してしまったというわけです。実際、当時の一般の新聞を見てみると、たとえば『万朝報』という新聞には、戦争推

Ⅲ 戦争を考える

進政策、朝鮮支配政策で政府を叱咤激励する主張が連日かかげられていました。庶民はそうした情報のみを手にしながら、戦争に対する意識をつくっていったのです。

同じ『平民新聞』の3月20日号には、「戦争と小学児童」という論説が掲載されています。それは、"子どもたちが朝も昼も口にするのは、ロシアを攻めるための軍歌だ。子どもが見るのは陸海軍の図画だ。行っているのは模擬の戦争（戦争ごっこ）だ。こうしてひたすら戦争をたたえ、戦争を尊重する、戦争をよろこぶ、そうした様子がひろがっている。……教師はそれをほめたたえ、親はこれを喜びとしている"と伝えています。教育が大きな役割をはたしていたのです。これらが戦争観や戦争の終結の仕方に深く関わります。大江志乃夫氏は『国民教育と軍隊』（新日本出版社）のなかで、文部省が、軍人の精神をたたえ、国家に報いる精神をつくるために教育が働くべきだとアピールしていたと指摘しています。

▶戦争は戦後に何を残したか──

日露戦争は1905年9月5日の講和条約で終結しました。この戦争がその後に何を残したのかを考えてみましょう。一つは、さらなる戦争準備をもたらしたということです。日露戦争が終わった翌々年の1907年2月、「帝国国防方針」が定められました。そこでは、仮想敵国としてロシア、アメリカなどを想定しながら、陸軍の増設、あるいは海軍の軍備拡張などの大軍拡計画が打ち出されています。消極的な防衛ではなく攻勢的な作戦を展開する、これが基本だと強調されました。そのためには大量の経費が必要です。日露戦後の1907年からの4年間で、陸海軍の軍備拡張のために6億円という経費が予定されました。

さらに、こうした軍備拡張とあわせて、軍隊の足場づくりとして各地方レベルで軍人OBの組織づくりが本格化していきました。帝国在郷軍人会です。徴集された兵士は入営し、また、戦争の際には動員されて戦地に行きます。しかし、それ以外に現役についていない予備役や後備役

の兵士が全国に散らばっています。彼ら OB を日常的に軍隊とつながる
かたちで組織していくことが本格化していきました。いざというときに
彼らを戦争に参加させるため、定期的に点検をしながら戦争を準備して
いくことが本格化していきました。

　教育の面では、日露戦後、本格的に"戦争の教訓"が伝えられるよう
になっていきました。教科書においても日露戦争の前後で大きな変化を
見ることができます。日露戦争後の1911年の第二次国定教科書では、
忠君愛国、天皇に忠義をつくすことを求める教材や、軍事的な教材が大
量にふえています。

　まず、「歴史」の教科書では、当時の現代史は日清戦争、日露戦争で
すから、最新の歴史として日清戦争、日露戦争が伝えられ、韓国併合ま
でが書かれています。こうして、戦争のいわば"事実"を学ぶことにな
ります。

　戦争に対する意識をつくるという点では、「修身」が大きな役割をは
たしました。道徳教育として天皇に忠義をつくす精神がたたえられ、
1904年3月に戦死した海軍の軍神・広瀬武夫中佐が登場します。旅順
港口を閉塞し、ロシアの軍港として機能しなくさせる作戦の途中、敵弾
を浴びて沈む船に飛び乗って部下を救おうとし、船ともに沈んだという
"神話"が登場しました。「国語」で広瀬の勇敢さをたたえ、「修身」で
彼の忠義の精神をたたえました。さらに、同年8月、遼陽近郊での攻撃
を指揮し、重傷を負って戦死した橘周太中佐も登場します。戦争を語る
ことで、戦争に向けての意識をつくろうとしたのです。彼らは「唱歌」
にも登場してきます。「唱歌」第1期国定教科書は1911年から14年に
かけて順次発行されていきましたが、このなかでは4年生用に広瀬中佐
と橘中佐が登場しています。

　軍神化された英雄をたたえる教材が「修身」「国語」「唱歌」に登場し
てきました。歴史で語られた戦争の経過とかかわって、「国語」や「唱歌」
のなかに日本海海戦や旅順開城の際のエピソードなども登場してきまし
た。これら日露戦争後に形作られた軍事教材が、昭和戦前期をも大きく

規定していくのです。

③国家と戦争を越える──『平民新聞』の非戦論

▶「宣言」──軍備の撤廃、戦争の禁絶を──

ロシアと戦争せよという声が高まっていた1903年11月、つぎのような宣言（現代風に直しました）を掲げて、ある新聞（週刊）が創刊されました。

一、自由、平等、博愛は、人間が生きるうえでの三大要義である。

一、われわれは、人類の自由を完全にするために平民主義を維持する。出身の高下、財産の多寡、男女の差別を打破し、一切の圧制束縛を除去することを欲す。

一、われわれは、人類が平等の権利をうけるために社会主義を主張する。生産、分配、交通の機関を社会の共有とし、その経営処理を社会全体のためにすることを要す。

一、われわれは、人類が博愛の道を尽くすために平和主義を唱える。人種の区別、政体の異同を問わず、世界を挙げて軍備を撤去し、戦争を禁絶することを期す。

一、われわれは、多数人類の完全な自由、平等、博愛を理想とする。これを実現する手段も、法の許す範囲で多数人類の世論を喚起し、多数人類の一致協同を得なければならない。暴力に訴えるようなことは、われわれは絶対に否認する。

社会主義者の幸徳秋水と堺利彦が創刊した『平民新聞』です。初版5000部はたちまち売り切れ、3000部を増刷したといいます。高まる開戦論に対して、彼らは新聞『万朝報』の紙上で非戦論を展開していましたが、同紙が開戦論に転換したため、退社して平民社をつくり、非戦の主張を続けることにしたのです。

≪絵≫『平民新聞』非戦論の漫画
平民の血で乾杯する日本とロシアの上流社会
(1904年3月20日)

「人残害し、猿親愛す。人、猿に及ばず。」(1904年7月10日)

▶「戦争来(きたる)」──口ある限り戦争反対を絶叫する──

　1904年にはいると、日本とロシアの間は一触即発の状態となり、戦争の危機が迫りました。1月17日付『平民新聞』は、全紙面に戦争反対の記事を掲げて、「吾人は飽くまで戦争を否認す」と主張しました。戦争は道徳上の罪悪、政治上の害毒、経済上の損失であり、戦争によって社会の正義は破壊され、万民の福利は蹂躙(じゅうりん)されるとして、戦争への熱狂から醒めよと、「愛する同胞」に呼びかけました。

　しかし、こうした叫びも空しく、2月、日露は開戦しました。『平民新聞』は社説「戦争来(きたる)」で、平和を乱した責任は政府にあるが、戦争の災禍を負担するのはすべて平民だとして、今後も、口あり、筆あり、紙ある限り、われわれは戦争反対を絶叫すると、決意を表明しました。そして、われわれの仲間であるロシアの平民も、きっと同じ立場をとるに違いない、いや、英米独仏の平民もわれわれの事業を援助してくれるに違いない、と述べたのです。

　さらに社説「兵士を送る」は、「自動機械」となって、人を殺すため、あるいは人に殺されるために戦場に行く兵士に、つぎのように呼びかけました。

■Ⅲ　戦争を考える

諸君の田は荒れ、老親は取り残され、妻子は飢えに泣く。諸君の生還は保障の限りではない。しかし、諸君は行かざるを得ない。行け。行って諸君の職分を尽くせ。だが、ロシアの兵士も人の子、人の夫、人の父であり、諸君と同じ人類である。どうか彼らに対して残虐な行いのないように。

また、戦争に狂喜する人びとに対しても、戦争が何をもたらすのか、冷水を頭からかけてよく考えよと警告しました。戦争による膨大な公債は子孫を苦しめ、増税は国民を苦しめ、戦争は軍国主義の跋扈、軍備の拡張、投機の勃興、物価の騰貴、風俗の堕落をもたらす、というのです。

▶「露国社会党に与える書」──国家を越え、時代を越える──

3月、『平民新聞』は「露国社会党に与える書」を発表しました。諸君とわれわれは同志であり、断じて戦うべき理由はない。愛国主義と軍国主義は、諸君とわれわれの共通の敵だ。手紙はこう書いて、敵国ロシアの社会主義者に対して連帯を呼びかけました。

この手紙は英訳されて世界各国の社会党に送られ、大きな反響を呼びました。ロシア社会民主労働党の新聞『イスクラ』は、これに答える一文を発表して、日本の同志の「一致連合の精神」をたたえました。また、8月、オランダのアムステルダムで開催された第二インターナショナルの第6回大会では、日本代表の片山潜とロシア代表のプレハーノフが壇上で握手をかわし、参加者はこれに拍手喝采しました。

平民社の活動に対する当局の妨害・圧迫はきびしく、『平民新聞』もしばしば処罰や発売禁止の対象となりました。しかし、戦争への熱狂のなかで、敢然とこれに抗した平民社の活動の歴史的な意義はきわめて大きいといえます。国家を越えて人類を見つめ、戦争を越えて未来を見すえる。それは、なお私たちの課題でありつづけています。

107

④歴史から何を学ぶか

▶日露戦争をどうふり返るか──

　日露戦争をどのようにふり返り、そこから何を学び取るべきなのでしょうか。

　一つは、誤った日露戦争観をただすことの大切さです。日露戦争は祖国防衛戦争であり、国民が全力で戦争へ参加していった国民戦争的な性格をもっていたなどと言う人もいます。

　しかし、日露戦争はほんとうに祖国防衛戦争だったのでしょうか。日本のどこがどのように攻められるのかを、可能性と現実性の問題として考えてみる必要があります。実際には、戦場は朝鮮半島と中国東北部であり、当時、日本が直接にロシアに攻められる可能性はありませんでした。つまり過剰防衛という形で戦争を推進しようとしたのです。

　また、祖国防衛を強調することは、日本の戦争がもったアジアに対する意味合い、朝鮮半島支配・韓国植民地化の面を無視することにつながります。ロシアとの戦争は日本を守るための戦争だったのか否か。朝鮮半島をとられれば日本は征服・侵略されてしまう、日本を防衛するための戦争だというのでは、この戦争がロシアとのあいだで朝鮮半島と満州の支配をめぐってたたかわれたものであったという問題の本質が棚上げされてしまいます。

　日露戦争と朝鮮半島支配の関係をしっかりとおさえておくことは、現在の東アジアをどう見るのか、戦争をどう見るのかと深くかかわる問題です。

　もう一つは、憲法や教育のあり方との関係です。戦争がもつ人的な負担と経済的な負担は、現在も日露戦争当時と同様の問題をはらんでいます。増税ないし国民生活の切り捨てと戦争への経費のふりむけは、戦争国家化のもとで本格化していきます。これを正当化する世論づくりをすすめるという点で、メディアと教育が重要な役割をはたします。

日露戦争の当時は新聞が大きな力をもちました。しかし、現在は新聞にとどまらず、テレビ、ラジオさらにインターネットなど膨大な装置があります。メディアが当時にもまして国民意識の管理にはたす役割の大きさを考えざるをえません。教育では、道徳教育などによって「日本人」の心を養うための教育がすすめられようしています。心の管理をすすめ、愛国心や国家意識をつくり、日本人として自己主張しようとする精神構造をつくる試みが本格化しています。

▶何が違い何が同じか──当時と現在──

たしかに日露戦争当時と現在とでは大きな違いがあります。しかし、ある種の共通性も指摘せざるを得ません。

当時は戦争が当たり前とされていた時代、戦争と侵略が自明のこととされていた時代です。軍事優先で戦争をすすめ、朝鮮を支配するのは当たり前という空気のなかで人びとは生きていました。ところが現在は、平和が少なくとも大義名分としては語られ、それを保障する憲法が存在しています。植民地化を肯定する議論は、およそ影を潜めています。

しかし、一方で、そうした平和意識や植民地化を否定する議論を消し去ろうとする試みも、教育やメディアのなかで強くなっています。このように戦争と植民地化、侵略と支配という問題めぐって、当時と現在とでは、ある種、脈絡が通じる動きが促がされているということが第一点です。

第二点は、政治構造の違いです。当時は天皇主権国家であり、天皇は元首で統治権の総覧者でした。そして、行政権が圧倒的に優位にありました。議会では衆議院しか国民の声を反映することはできず、その衆議院も制限選挙のため一定の声しか反映できませんでした。女性は完全に排除され、国民の政治参加の権利は大幅に制限され、しかも、参加する衆議院自身が大幅に権限が奪われていました。

しかし、現在は象徴天皇の制度と国民主権、立法権の優位が明らかにされています。その意味で、いま大切なことは国権の最高機関である国

会をどう機能させていくかということです。

第三点目は、当時、国民の基本的人権は形骸化されていました。新聞は言論の自由を奪われ、検閲が当たり前とされていました。メディアは法によって統制されていました。教育も国定教科書など国家の統制下におかれていました。そこには国家主義や教育勅語の精神が語られる仕組みがありました。これらは現在と違う状況です。

ところが、今も新聞はある意味で制約され、権力的・国家的な路線に迎合する道をたどっています。さらに、教育では「日の丸・君が代」の強制が示すように、内面の自由を大幅に制約しようとしています。戦前との距離、当時との距離は、ある種、近くなってきています。

当時との違いには根本的に大きなものがあります。この点をしっかりとおさえながらも、当時の教訓から学ぶべきことは少なくないでしょう。戦争国家は、国益優先、戦争肯定、人権や個人の権利主張を制約することを前提としています。戦争国家のそのような矛盾、対立の構造をどうおさえていくのかという点で、日露戦争を思い起こしてみることが必要です。

▶もの言えぬ空気が支配──

最後に、『原敬日記』の記述をもう少し紹介しておきましょう。日露戦争は、現在の私たちからすれば、起こるべくして起こった戦争、当たり前のこととして戦争に突入していったようにも見えるのですが、実際にはそれほど一直線に戦争へとすすんでいったわけでないようです。開戦直前、2月5日の原敬の日記には次のようにあります。

「号外を発する新聞紙多し、時局の成行に関して政府秘密政略過度の弊、国民は時局の真相を知らず」「開戦とならば国民は無論に一致すべきも、今日の情況にては国民の多数は心に平和を望むも之を口外する者なく、元老と雖ども皆な然るが如くなれば、少数の論者を除くの外は内心戦争を好まずして而して実際には戦争に日々近寄るものの如し」

つまり、心では平和を望んでいても、みんな開戦論を展開しているた

■Ⅲ　戦争を考える

め、口にしなくなっている。政府や元老もふくめみんなこんな状況だ。少数の論者をのぞくほかは内心は戦争を好まないのだけれども、実際には戦争に日々近づいているのではないかと言っています。

　さらに原は、開戦の詔勅がでた翌日の２月11日にも、同じように、「我国民の多数は戦争を欲せざりしは事実なり、政府が最初七博士をして露国討伐論を唱えしめ又対露同志会などを組織せしめて頻りに強硬論を唱えしめたるは、斯くして以て露国を威圧し、因て以て日露協商を成立せしめんと企てたるも、意外にも開戦に至らざるを得ざる行掛を生じたるものの如し」と書いています。

　このような原の観測がどこまで事実であったのかどうかはわかりません。しかし、少なくとも一丸となって戦争に向かっていったのではなく、ある種、強硬論が支配する言論状況・社会状況が、国民が抱いていた戦争への違和感を押さえ込んでしまったという面がよくわかります。こうした観測から私たちが学ぶべきことは少なくないのではないでしょうか。

（3）沖縄の近代──その軌跡

①沖縄にとっての「明治」

▶「琉球処分」──

　九州の南から台湾の手前まで、弓なりに連なる146の島々。このうち硫黄鳥島から南の108島を琉球諸島と呼んでいます。沖縄島、宮古島、石垣島……。これらの島々を統治する国家として、琉球王国が生まれたのは、15世紀はじめのことです。この小独立国は、中国に臣下の礼をつくして保護をうけ、朝貢貿易を展開していました。

　ところが、1609年、徳川家康の許しを得た薩摩藩は、兵士3000人をもって琉球を制圧し、服属を誓わせました。こうして、中国・日本・朝鮮・シャム・マラッカ・ジャワなどとの中継貿易で栄えてきた琉球王国は、薩摩藩の支配下に組み込まれました。以来260年余、薩摩は琉球王

111

国の人事に干渉し、貢納を命じ、中国との貿易に割り込んで利益をあげ
つづけました。

　幕府をたおした日本の新政府は、1871年、廃藩置県を断行して中央
集権化をすすめました。薩摩藩も鹿児島県となりましたが、琉球王国は
これまで通りその管轄下におかれていました。ところが、この年11月、
沖縄本島から宮古へ帰る船が台湾南部に漂着し、乗組員が台湾の先住民
に殺されるという事件がおこりました。その報は翌年、政府にも達しま
した。事件をきっかけに、政府の内部で琉球対策が検討されました。琉
球をどうするのか。ただちに日本の領土とし、内地と同じ制度にせよ。
いや、清を排除して対立を引き起こすのはまずいから、これまで通り「日
清両属」を認め、実質をとるべきだ。こうした構想がいろいろだされま
したが、結局、政府は琉球王国を琉球藩にして、管轄を外務省のもとに
おき、日本の一部であることをはっきりさせる方針をとりました。

　一方、1874年、政府は事件を口実に台湾に出兵し、清に事件は「日
本国民」が殺されたもので、出兵は当然だと認めさせました。この年、
琉球藩の管轄は内務省に変わり、琉球問題は内政の一部とされました。

　琉球の側では、政府の直轄となって以後も、清との朝貢関係をつづけ
ようと考えていました。しかし、1875年7月、首里城に乗り込んだ琉
球処分官松田道之は、清との関係を断ち、日本の年号を用いることなど
を命じました。この強硬方針に琉球の支配層はあわて、命令の撤回をも
とめる嘆願を繰り返して、抵抗しました。しかし、1879年3月、つい
に決着がつけられました。警察官160人、歩兵大隊400人をともなって
那覇港に上陸した松田処分官は、琉球藩を廃して沖縄県を置くと宣言し
ました。ここに琉球の統治権は完全に日本の政府に奪われ、王国は滅び
ました。「琉球処分」と呼ばれるものです。藩王尚泰は首里城を明け渡
し、5月、東京に向かいました。

▶旧慣温存

　清はこの廃藩置県の処分に抗議し、天津に立ち寄っていたアメリカの

Ⅲ　戦争を考える

前大統領グラントに琉球問題の調停をもとめました。来日したグラントに対し、日本側は宮古・八重山諸島を清に譲渡し（「分島」）、そのかわり日清修好条規（1871年に締結）を改正して日本に西欧諸国並みの有利な待遇を与える（「改約」）という案を出しました。宮古・八重山の両島を、清から利権を得るための"道具"にしようとしたのです。一方、清側は、奄美諸島を日本が、宮古・八重山の先島諸島を清が領有し、沖縄諸島に琉球王国を復活させるという「三分案」を提案しました。交渉の末、清はいちおう日本案に同意しましたが、清の内部に反対があって、実施が引き延ばされたまま調印に至らず、立ち消えとなりました。

　置県後も琉球の支配層はしつように抵抗をつづけました。血判誓約書をつくって、県の命令にしたがって禄を受けるものは首をはねるなどと申し合わせました。実際、宮古島では、警視派出所の通訳兼小使に雇われた男が、集団リンチにあうという事件がおこっています。また、清の支援を得て琉球王国を復活しようとして、清に密出国するものもあいつぎました（脱清）。

　こうしたなかで、政府は土地制度・税制・地方制度など、統治の基本政策については、これまでの制度を引き継ぎ、利用する方針をとりました。特権を保証して、抵抗する旧支配層をなだめようとしたためだと言われます。

　したがって、一般の農民は相変わらず窮乏状態のままでした。とくに宮古・八重山の農民は、貧富の差なく課税される人頭税法のもとで、「納税奴隷」となっていました。しかし、1880年代には、農民たちも次第に旧慣の改革を求めて行動しはじめます。宮古島の農民は、その後、人頭税法の廃止をしばしば島役所や県庁に要求し、1893年には上京して、政府と帝国議会に請願書まで提出しました。この運動は、旧慣の撤廃を求める沖縄全域の農民の要求を代弁して、政府＝県当局の政策を揺るがすことになりました。

▶謝花民権──

　日清戦争後の 1896 年、旧支配層の一部は、沖縄最初の政治結社「公同会」を結成して、特権を守ろうとする運動に着手しました。そのねらいは、旧王家の尚氏を世襲の沖縄県知事とする「特別制度」の実現にありました。彼らは署名を集め、翌年秋、代表団を東京に送って、政府や議会に請願しました。しかし、この要求は沖縄の内外から厳しい批判を浴び、運動は挫折しました。以後、旧支配層は県当局に協力する道を選んでいくことになります。

　これに対して、県民の権利と利益をかちとるための新しい運動が組織されはじめます。沖縄最初の県費「留学生」謝花昇が東京から帰って、県庁の技師となったのは、1891 年のことでした。一方、翌年、鹿児島出身の奈良原繁が県知事として着任し、以後 16 年間、「琉球王」と称されるほどの専制的な県政をしきます。謝花は旧王国時代からの官山の開墾などをめぐって、奈良原と対立を繰り返し、1898 年、ついに辞職しました。

　彼は同志とともに政治結社「沖縄倶楽部」を結成し、その機関誌『沖縄時論』で奈良原県政を批判しました。彼のもとには、新しい教育をうけた青年たち 20 人ほどが結集しました。当時、沖縄県民は議員の選出が認められず、県政からも国政からも排除されていました。謝花らはこれを打ち破ろうと、国政への参加を要求する参政権獲得運動を進めました。

　県内を遊説するとともに、上京して中央の政界に訴え、1899 年、沖縄からも議員を出すことを認める衆議院議員選挙法改正案が、衆議院を通過しました。しかし、これは人頭税によっている宮古・八重山には選挙資格を認めず、施行も後日勅令で定めるといったものでした。謝花らに対して、県当局や旧支配層は非難をあびせ、運動を妨害しました。謝花は沖縄県農工銀行の重役でしたが、1900 年、沖縄倶楽部はその役員選挙に敗れ、同志たちは謝花のもとを去っていきました。こうして、運動は 2 年足らずで挫折し、財産も、肉体も、精神も消耗してしまった謝花は、翌年、発狂し、ついに回復することなく、7 年後の 1908 年、44

歳で世を去りました。

　沖縄県会が設置されたのは、謝花が死んだ翌年であり、沖縄県民が不十分ながらも国政参加の権利を得たのは、謝花らの運動から13年後の1912年のことでした。国会の開設、憲法の制定を求めた本土の自由民権運動から遅れること約20年、確立された帝国憲法のもとで、沖縄の国政参加、参政権獲得を要求した運動は、沖縄の自由民権運動として、謝花の名とともに記憶されています。

≪資料≫謝花昇の琉歌：新城俊昭『教養講座　琉球・沖縄史』p.242

　思て自由ならん　無情のこの世間や　時世待ちおりば　花ん咲ちゅる
（思ってはいても、自由は手にすることはできない。何と無情な世の中だろう。だが嘆くことはない、時がたてばきっと沖縄にも自由の花の咲く時代が来るだろう。）

---

②沖縄にとっての戦争

▶ソテツ地獄──

　沖縄経済の中心は農業でした。農民は低い生産力のもとで、零細な土地を耕していました。ですから、大部分の農民は副業（畜力で鉄車をまわしてサトウキビの汁をしぼり、鍋で煮詰める黒糖製造）で家計を支えるほかありませんでした。

　第一次世界大戦後の不況がこの沖縄経済を襲い、黒糖相場が大暴落しました。農民たちは野生のソテツの実や幹を食べて飢えをしのぎました。ソテツには有毒成分が含まれています。このため、調理法を誤って中毒をおこし、死者も出たといいます。慢性的な不況に見舞われた沖縄経済の窮状は、"ソテツ地獄"と呼ばれました。

　漁業を営む糸満の貸元に奉公に出される若者（糸満売り）や、辻の遊廓に身売りされる娘たち（辻売り）が相つぎ、借金のかたに大地主のも

とでこき使われる隷属農民も出ました。南米や東南アジアへの移民がふえ、彼らは稼いだ金を郷里に送りました。県外に出稼ぎに出た人びとは、劣悪な労働条件と差別・偏見のなかで働きました。

▶鉄の暴風──

「明治」の末、伊波普猷らによってまかれた「沖縄学」の種子は、「大正」期、民俗学者の柳田国男・折口信夫らの沖縄訪問をきっかけに大きく育ち、沖縄の伝統文化を評価し直そうとする気運がたかまりました。しかし、政府＝県当局は、沖縄を本土に「同化」させる政策をすすめ、「昭和」期にはいると、「標準語」の強制を強めました。そして、皇民化・軍国主義化のうえに、アジア太平洋戦争へと突入していきました。

1944年7月、サイパン島が「玉砕」すると、軍部は沖縄攻略に備えようと、長期持久戦を想定して全島の要塞化をすすめました。そのため

≪地図≫沖縄戦の戦闘経緯

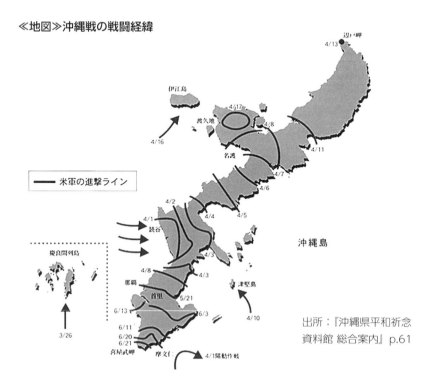

出所：『沖縄県平和祈念資料館 総合案内』p.61

≡Ⅲ　戦争を考える

≪表≫沖縄戦の死亡者数　　　　　　　（1945年3-6月）

区　　　分	死亡者（人）
総　　　数	188,136
軍事軍属計	94,136
沖縄県出身軍人軍属	（28,228）
その他	（65,908）
住　民　計	94,000
戦闘協力者	（55,246）
一般住民	（38,754）
（参考）沖縄県人口	590,480
（参考）アメリカ軍死者	12,520

出所：歴史学研究会編『日本史史料5 現代』p.138

に県民は土地を取り上げられ、作業にかり出されました。また、政府は戦闘の足でまといになるものに疎開を命じました。8月、疎開の人びとを乗せた船が、那覇港を発ちました。そのうちの一隻、対馬丸がアメリカ潜水艦の攻撃を受けて沈没した悲劇は、この時のことです（死者1484人、うち学童766人）。

　1945年4月1日、ついにアメリカ軍が沖縄本島に上陸。以来3ヵ月、"鉄の暴風"（アメリカ軍の圧倒的な物量作戦による激烈な攻撃）が吹き荒れました。逃げまどう住民たち。日本軍によって集団「自決」に追い込まれる人びと。沖縄戦での一般住民の死者は推定3万9000人、ひめゆり部隊など戦闘にかり出された人びとの死者は5万5000人。この沖縄戦で県民の約4人に1人が犠牲になりました。本土防衛の最後の"砦"とされた沖縄は、「本土決戦」の"捨て石"でした。それはまた、"処分"された沖縄「近代」の帰結でもあったのです。

Ⅳ

現代日本を生きる

沖縄の主な米軍基地施設（『沖縄の米軍基地』沖縄県刊、2018年12月）

　沖縄の面積は全国の0.6％、人口は1％です。この沖縄に、全国の米軍専用施設の約74％が集中しています。それは沖縄県の面積の約10％、沖縄島の面積の約18％に及んでいます（全国平均は0.27％）。なぜ、このようなことがおこったのでしょうか。なぜこのような異常事態がつづいているのでしょうか。そして、米軍基地の存在は、沖縄の人びとのくらしにどのような影響を及ぼしてきたのでしょうか。

Ⅳ　現代日本を生きる

＜年表＞

1945　ポツダム宣言受諾、戦争終結。
1946　日本国憲法公布（1947 施行）。中国、国共内戦激化。
1947　教育基本法・学校教育法公布。
1948　大韓民国・朝鮮民主主義人民共和国、樹立。
　　　極東国際軍事裁判（東京裁判）判決。
1949　中華人民共和国成立。
1950　朝鮮戦争はじまる（〜 53 休戦）。
1951　サンフランシスコ講和条約・日米安保条約調印。
1952　日米行政協定調印。
1954　自衛隊発足。
1960　新日米安保条約調印。沖縄県祖国復帰協議会結成。
1965　米、ベトナムで北爆開始。日韓基本条約調印。
1971　沖縄返還協定調印。
1972　沖縄の施政権返還。日中共同声明発表（国交正常化）。
1975　ベトナム戦争終結。
1989　昭和天皇死去。ベルリンの壁撤去、東欧激変。
1991　湾岸戦争。自衛隊海外派遣。
1995　戦後 50 年の村山首相談話。
　　　沖縄で米兵の少女暴行事件、抗議の県民総決起大会。
1997　日米両政府、防衛協力のための新ガイドラインを決定。
2003　イラク戦争（2004 自衛隊を派遣）。
2006　安倍内閣（第 1 次）成立。改正教育基本法成立（愛国心を盛り込む）。
2007　防衛省発足。改憲手続きを定めた国民投票法成立。
2011　東日本大震災、福島原発事故。
2013　政府、普天間移設先の辺野古埋め立てを沖縄県知事に申請し、
　　　知事承認。
2014　政府、集団的自衛権行使の容認を決定。
2015　安保関連法の成立強行。沖縄県知事、辺野古埋め立て承認を取消し。

■Ⅳ　現代日本を生きる

（1）戦後東アジアの戦争と平和

①日本の敗戦と東アジア

▶「靖国」の戦後──

　1945 年 8 月、ポツダム宣言の受諾・降伏によって、日本による戦争と植民地支配は終わりました。戦争で日本の陸海軍人計 200 万人以上が「靖国の神」（死者）となり、膨大な「靖国の家」（遺家族）が生まれました。日本軍の軍人・軍属として戦死した植民地出身者（朝鮮 2 万人・台湾 3 万人）も、「靖国」にまつられました。他方、日本軍（「靖国の神」を含む）がすすめた侵略戦争によって、中国では、軍人 380 万人以上、民間人 1800 万人以上が死んだとされます（中国政府見解）。

　靖国神社のルーツは、「明治」はじめの 1869 年、東京の九段坂上につくられた東京招魂社です。1879 年に靖国神社となりました。ここに最初にまつられたのは、幕末維新の時期、天皇側について死んだ人びとです。その後、外国と戦争するたびに、日本側の戦死者が「神」としてまつられ、戦争のたびに「神」の数はうなぎのぼりに増えていきました。その数を合計すると、250 万近くにもなります。死者は「靖国の神」として、死者の家族は「靖国の家」としてたたえられ、戦争で死ぬことが美化されていきました。境内には、「靖国の神」（死者）をしのぶ遺品などを展示する施設（遊就館）がつくられ、戦争の正しさと、これに命をささげることの大切さを発信しました。

　靖国神社は軍が管理運営する特別な神社です。戦前の日本は、政治と神道が一体となった政教一致の国家体制をとっていましたが、靖国神社はその中心となる宗教施設の一つです。同時に、軍が管轄する軍事施設であり、国民の精神を戦争に向けて動員する教化施設の役割を担っていました。日本は、戦争の死者を慰霊・顕彰することによって、アジアに対する侵略戦争と植民地化を推進していきました。

121

≪表≫靖国神社の「祭神」

明治維新前後の内乱	7,751
西南戦争ほか	6,971
日清戦争	13,619
台湾出兵ほか	1,130
北清事変	1,256
日露戦争・韓国鎮圧	88,429
第一次世界大戦・シベリア出兵など	4,850
山東出兵など	185
満州事変など	17,161
日中戦争	188,196
太平洋戦争	2,123,651
合　計	2,453,199

（大江志乃夫『靖国神社』（岩波新書）による。なお、靖国神社発表によるとこの数は毎年増えている。）
出所：『日本近現代史を問う』p.64

　日本（沖縄をのぞく）は連合国軍（実質はアメリカ軍）によって占領され、日本では非軍事化・民主化がすすめられました。敗戦によって日本軍は解体・廃止されました。1946年には日本国憲法が公布され、翌47年に施行されます。GHQの指令によって国家と神道の分離がはかられ、憲法によって政治と宗教ははっきり分離されました（政教分離）。戦前の体制に対する深い反省にもとづくものです。靖国神社も再編され、民間の一宗教法人となりました。

　こうして、日本は「戦後」となりました。戦場の体験・記憶をもった“生き残った”人びとによって、戦後日本の“再建”がはじまりました。戦争の苦難の体験を記憶する人びとは、“戦争はもう御免だ”という意識を強くもったといえます。それが、憲法の戦争放棄（平和主義）を支える大きな力となりました。しかし、人びとは侵略・加害の事実に関しては、なかなか語ろうとせず、また、侵略戦争と加害の関係についても、あまり深くは意識せず、平和を享受してきました。

▶「戦後」の戦争──

　では、東アジアは「戦後」となったのでしょうか。1945年8月、中国は抗日戦争に勝利しました。しかし、アメリカの援助を得て戦闘準備を整えていた蒋介石は、1946年6月末、共産党支配区への攻撃を開始し、全面的な内戦となりました。内戦初期は国民党側が優勢でしたが、47年7月、戦局は転換して共産党側が優勢となり、1949年、中国の大部分を掌握して、ついに10月、中華人民共和国が樹立されました。すでに同年1月、蒋介石は台湾に逃れていましたが、国共内戦に敗れた国民

■Ⅳ　現代日本を生きる

政府も12月、台湾に移りました。

　一方、1945年8月、朝鮮は日本の植民地支配から解放されました。しかし、アメリカとソ連は、北緯38度線を境界として朝鮮半島を分割占領し、ソ連は北部地域に、アメリカは南部地域に進駐しました。1948年8月、南側に大韓民国が樹立され、これに対し9月、北側では朝鮮民主主義人民共和国が樹立されました。そして、1950年6月、北朝鮮軍の攻撃によって朝鮮戦争が勃発したのです。

　以上のように、戦後の東アジアでは、帝国主義の支配からの自立・改革を進める民族運動・社会運動の内部に対立があり、これに米ソが介入したことから、対立関係は悪化・深刻化しました（以下、『新しい東アジアの近現代史』上、日本評論社）。このような戦後東アジアの戦争は、日本の「戦後」のあり方、「平和」のあり方と密接に連動しました。1949年の中国革命を転機として日本占領政策は転換しました。1950年の朝鮮戦争に際して警察予備隊が創設され、「朝鮮特需」によって日本は復興を遂げていきました。内戦の中国、熱戦の朝鮮半島の傍らで、戦後日本は「平和」を"謳歌"していたことになります。

　朝鮮戦争による被害の集計は困難ですが、韓国側の統計によると、死亡・失踪・負傷・捕虜など、韓国側の被害は約62万人、国連軍は約15万人に及んでいます（『新しい東アジアの近現代史』上）。北朝鮮軍も約62万人が被害を受け、中国軍は18万人が戦死したといいます。戦争の全期間を通じて、死亡、虐殺、負傷、拉致、行方不明になった民間人は約99万人に達しました。こうした「戦争」の現実に対し、日本社会はどれだけ自覚的だったでしょうか。

▶戦争責任と裁判──

　では、戦後の日本は、戦前日本の「戦争」に対してどのように向き合ってきたのでしょうか。1945年8月、昭和天皇は「終戦の詔書」で、この戦争は日本の存立とアジアの安定を願ったものだと述べました。11月、政府はこの戦争はやむをえない自衛のための戦争だったと閣議決定

しました。ですから、日本政府の責任者たちは、戦争を起こした責任、アジア諸国を侵略した責任をまったくとろうとしませんでした。

　日本の戦争責任は、アメリカ軍の占領下で問われていくことになります。1946年5月に開廷され、48年11月に判決を下した極東国際軍事裁判（東京裁判）は、戦争犯罪を厳しく追及し、28人の被告をA級戦犯として裁きました。しかし、戦争の跡始末をどうつけるかは、アメリカの意向に左右されました。最高責任者の天皇は免罪されました。日本の支配を効果的にすすめるため、天皇や政府・官僚など戦前の仕組みを残し、これを最大限に利用するという方法をとったからです。日本側がみずから行った戦犯裁判は基本的にまったくありません。70年以上たった今も、"日本人"は自分では戦争責任に決着をつけていないことになります。

　戦争責任の追及は、東京裁判で一件落着となり、判決後、釈放されたA級戦犯容疑者たちは、政界などによみがえります（後に首相となる岸信介がその代表格）。戦前の政治を動かしてきた多くの政治家・官僚・財界人の責任も問われないままでした。

　東京裁判は、日本が戦争中、アジアで何をしてきたのかをはじめて明らかにしました。日本人はようやく侵略戦争の実態を知ることになります。その後、歴史学もアジア解放のスローガンがいかにウソだったのかを、事実によって証明していきました。しかし、過去の戦争を美化しようとする動きは、根強くつづきます。政府は侵略戦争であったことを認めず、教科書検定などを通じて戦争の真実を教えることを妨げつづけました。

▶講和と戦後処理────

　1952年、サンフランシスコ講和条約によって、日本の戦争には一応の決着がつけられます。しかし、これもアメリカの政策と深くかかわっていました。東西冷戦のもと、アメリカは日本の復興をうながして反共の要にしようとしていました。そこで、講和条件は"寛大"なものとなり、

連合国側は賠償請求を放棄しました。

　招請国55ヵ国のなかで、インド・ユーゴスラビア・ビルマ（ミャンマー）は、条約文に対日賠償に関する具体的な規定がなく、外国軍隊の日本駐屯を認めたことなどに反対して、参加しませんでした。ソ連・ポーランド・チェコスロバキアは講和条約への調印を拒否しました。他方、講和会議には、戦争で最大の被害をうけた中国は招請さえされませんでした。日本に植民地支配された朝鮮（韓国・北朝鮮）も招かれませんでした。アジアの被害者に対する賠償問題も棚上げにされました。アジア不在の講和だったのです。

　アジア不在の講和は、"寛大な講和" でもありました。アジアの被害者に対する賠償問題は棚上げにされました。日本は東京裁判の判決を受諾し（第11条）、主要参戦国は対日賠償請求権を放棄しました（第14条）。その結果、アジア諸国への賠償は、賠償協定（「役務」提供）・賠償請求権放棄（無償援助）・賠償に準ずる無償援助と経済協力・賠償放棄などのかたちをとることとなりました。背後にあったのは、冷戦の論理です。

▶改革へのブレーキと「逆コース」──

　1950年の朝鮮戦争をきっかけに日本の再軍備がスタートしました。1952年にはサンフランシスコ講和条約・日米安全保障条約が発効し、警察予備隊が保安隊に改組されました。このころから靖国神社に国費を支出し、国がその維持にあたることを求める運動がはじまり、「靖国」が政治問題化していきました。また、A級戦犯として逮捕されていた岸信介が政界に復帰して憲法改正を唱えるなど、憲法「改正」の動きが公然化していきました。

　1954年には防衛庁と自衛隊が発足し、政府は自衛権保有・自衛隊は合憲だとする憲法9条に関する政府の統一解釈を発表します。1955年には保守合同によって自由民主党が誕生し、その「政綱」に、「現行憲法の自主的改正をはかり、また占領諸法制を再検討し、国情に即してこれが改廃を行う」ことを掲げます。そして、翌年、内閣のもとに憲法調

査会が設置されました。しかし、結局、1964年に発表した最終報告書では、さまざまな意見が並列されたにとどまりました。憲法の条文そのものを改める改憲路線は"棚上げ"となったのです。

他方、1956年、国会で靖国神社の国家護持問題が論議されましたが、これを区切りに靖国問題は国会の場から"退場"し、「紀元節」復活問題の方に焦点がうつっていきました。その後、1969年に自民党は靖国神社法案を国会に提出し、1975年に断念するまで5回にわたって提案しましたが、実現には至りませんでした。なお、1978年、靖国神社は東条英機らA級戦犯14名を合祀しました。

②国交正常化と賠償・請求権

▶中華民国と韓国と──

1951年9月のサンフランシスコ講和条約調印後、アメリカは日本と韓国・中華民国（台湾）との国交正常化交渉を支援しました。その結果、1952年2月から（講和条約が発効する）4月までの2ヵ月間、日本と中華民国の交渉がおこなわれました。中華民国は巨額な個人補償を要求する意思をもっていましたが、日本は中華民国の（大陸にできた中華人民共和国を支配できないという）「弱い立場」を前提として交渉に臨み、賠償を放棄させようとしました（内海愛子『戦後補償から考える日本とアジア』山川出版社）。その結果、中華民国側は「自発的」に賠償を放棄することを宣言し、日華平和条約が締結されました。その第三条は、台湾に関する請求権処理は、「日本国政府と中華民国政府との間の特別取極の主題とする」としました。しかし、「特別取極」が締結されないまま、1972年の日中共同声明（128ページ参照）で日華条約は「終了」することになります。

日韓会談も、サンフランシスコ講和条約の締結後、翌年の発効に合わせるため、アメリカの斡旋によって始まりました。おもな議題は、基本関係、「在日韓国人」の法的地位、請求権、漁業でしたが、とくに請求

権と漁業問題で意見が対立しました（以下、吉澤文寿「日韓国交正常化」『岩波講座　東アジア近現代通史8』など）。このため、会談は講和条約の発効までに妥結せず、一年の冷却期間をおいて1953年に再開されましたが、依然として対立は解消されませんでした。その後、日本側代表の発言が問題化したり、日韓それぞれの政治体制の変動（李承晩政権の崩壊、岸信介内閣の総辞職など）があって、会談は再開と中断を繰り返しました。

　1961年、軍事クーデターで韓国に朴正熙政権が成立し、第6次会談が始まると、会談は妥結に向かい、最大の懸案であった請求権問題も、1962年11月の大平・金鍾泌会談で原則合意に達しました。日韓両方で反対運動が広がりましたが、1964年12月、佐藤栄作内閣のもとで開始された第7次会談の結果、65年6月、日韓基本条約が調印されるに至ったのです（12月に批准）。交渉の開始から妥結までに14年間を要したことになります。

　日韓基本条約の際の日韓請求権協定で、日本の経済協力と引き換えに韓国は請求権を放棄しました。すなわち、日本側が「無償3億ドル、有償2億ドル、民間信用3億ドル以上」を供与することによって、請求権問題は「完全かつ最終的に解決されたこととなることを確認する」とされたのです（水野直樹ほか『日本の植民地支配』岩波ブックレット）。日本側は、1080億円（3億ドル）の生産物・役務（サービス）の向う10年間の無償供与、農業・水産関係の資材、製鉄所用の資材・機材、720億円の生産物・役務の向う10年間の有償供与（貸付）などを約束しました。

　しかし、当初、過去の清算を大前提として会談に臨んだ韓国と、清算する過去はないとする認識に立つ日本との間では、条約の解釈にも相違がありました（『新しい東アジアの近現代史』上）。たとえば、日本が提供した無償3億ドルに対して、韓国は「賠償的性格」の資金であると規定しました。これに対し日本は、「独立祝賀金」ないし「経済協力金」であると解釈しました。

▶国交正常化と民衆──

　1972年の米中和解は、東アジア諸国に大きな衝撃を与えました（ニクソン・ショック）。こうしたなかで、日本の田中角栄内閣は中国との国交回復を最大の課題とし、同年9月、「日中共同声明」に調印して、日中の国交回復を実現しました（以下、『新しい東アジアの近現代史』上）。共同声明で日本側は、「過去において日本国が戦争を通じて中国国民に重大な損害を与えたことについての責任を痛感し、深く反省する」と表明し、これを前提として中国側は、「中日両国国民の友好のために、日本国に対する戦争賠償の請求を放棄する」ことを宣言しました。対日賠償請求権を放棄したのは「友好」のためだったのです。

　日本政府はこの声明を根拠として、日中間の戦後賠償問題は決着したとの立場をとっています（松尾章一編『中国人戦争被害者と戦後補償』岩波ブックレット）。しかし、中国の人びとは、中国政府としての賠償請求は放棄したが、被害にあった個人の賠償請求は放棄していないと考えています。

　こうして、1965年の日韓基本条約によって日韓の関係は“正常”化し（もちろん、北朝鮮との間では、何ら解決がはかられていません）、1972年の日中共同声明によって、日中の国交は“回復”しました。しかし、果してそれは、過去の戦争と植民地支配の問題にきちんと向き合ったものだったのでしょうか。

　日韓会談について、吉沢文寿氏は、国交正常化が最優先にされたと指摘しています（『日韓会談』高文研）。日韓両国がベトナム戦争に介入した米国を支援するため、また、日米両国が韓国の経済開発を支援するため、日韓の国交正常化を最優先したというのです。こうして、「共産主義陣営の一角として韓国と対峙していた北朝鮮に日米韓三国が連携して対抗する体制」が強化されました。

　一方、日中国交正常化について、服部龍二氏は、「未曽有の戦禍を強いられた中国人の心」が置き去りにされたと指摘しています（『日中国交正常化』中公新書）。「短期間で一気に交渉を妥結させた負の遺産」だ

というのです。毛利和子氏も、1972年の交渉は「不備と瑕疵を持つものだった」と指摘しています（『日中漂流』岩波新書）。「賠償請求放棄を中国国民は知らなかった」のです。したがって、「押し込められた中国の人心」は、「カリスマ指導者の他界につれて表面化する」（服部）ことになります。90年代半ば、「これまで閉じ込められてきた歴史に関する日本批判が噴出してくる」（毛利）ことになります。

> ≪資料≫日中共同声明（1972年9月29日）
>
> 　日中両国は一衣帯水の間にある隣国であり、長い伝統的友好の歴史を有する。両国国民は、両国間にこれまで存在していた不正常な状態に終止符を打つことを切望している。（中略）
>
> 　日本側は、過去において日本国が戦争を通じて中国国民に重大な損害を与えたことについての責任を痛感し、深く反省する。（中略）
>
> 　1　日本国と中華人民共和国との間のこれまでの不正常な状態は、この共同声明が発出される日に終了する。
>
> 　5　中華人民共和国政府は、中日両国国民の友好のために、日本国に対する戦争賠償の請求を放棄することを宣言する。

(2) 沖縄の現代——その軌跡

①沖縄にとっての「戦後」

▶切り離された沖縄——米軍支配——

　1945年4月、沖縄島に上陸したアメリカ軍（以下、米軍）は、「日本帝国政府」のすべての行政権を停止して、南西諸島（現在、鹿児島県に属する薩南諸島と沖縄県に属する琉球諸島）を軍政府（占領地を統治する軍の機関）のもとにおくと宣言しました（以下、主に新城俊昭『教養講座　琉球・沖縄史』東洋企画）。以後、1972年5月まで、沖縄は27

年間にわたって米軍の占領・統治下におかれることになります。

　沖縄島中部に上陸した米軍は、読谷村に軍政府を設置し、南部・中部・北部の 12 地域の各区に収容所を設置しました。沖縄戦で難民となった人びとは、これらの収容所に送り込まれました。その一方で、米軍は広大な土地を囲い込んで基地にしていきました。

　8 月 14 日、日本はポツダム宣言を受諾して降伏し、戦争は終結しました。以後、日本は連合国の占領下におかれることになりました。ドイツがアメリカ・イギリス・フランス・ソ連の 4 ヵ国によって分割占領され、軍政のもとにおかれたのに対して、日本では連合国軍最高司令官総司令部（GHQ）のもと、日本政府が政治をおこなう間接統治の方式がとられました。10 月、GHQ は人権指令を発し、ついで五大改革を指示するなどして、日本の非軍事化と民主化をおし進めました。GHQ との交渉を経て政府が作成した憲法改正案は、衆議院と貴族院の修正を経て、1946 年 11 月、日本国憲法として公布されました。

　主権在民・戦争放棄・基本的人権を規定した日本国憲法。しかし、沖縄は日本本土から切り離され、米軍の軍政のもとにおかれたままでした。沖縄の人びとの主権は、平和は、人権はどうなったのか。冷戦の本格化、中華人民共和国の成立（1949 年）、朝鮮半島情勢の急変などが、沖縄の戦略的な重要性を高めました。アメリカは軍事目的のために沖縄を確保することを決定し、1949 年から基地の建設を本格化していきました。沖縄を要塞にしようとしたのです。

▶ "太平洋の要石" と "島ぐるみ闘争" ──

　アメリカによる統治は、最初、陸・海軍の軍政府（米軍政府）によって行われていましたが、1950 年 12 月、アメリカ政府の出先機関である米国民政府（USCAR）が設置されました。その結果、沖縄の統治は琉球列島米国民政長官の指揮下で行われるようになりました。1952 年 4 月には、沖縄住民側の中央政府として、琉球政府が米国民政府のもとに設立されました。琉球政府は琉球における政治の全権を行うことができ

る権限をもってはいましたが、あくまで米国民政府の指揮下においてでした。アメリカは任命制の行政主席をおいて統治をすすめました。

1952年4月28日、サンフランシスコ講和条約と日米安保条約が発効して、「日本」は独立しました。しかし、その「日本」は沖縄・奄美・小笠原の各諸島を除く「日本」でした。これらの地域は「日本」から切り離され、米軍の施政権のもとにおかれることになったからです（奄美は1953年、小笠原は1968年、日本に返還）。

1950年代、アメリカは沖縄を"太平洋の要石"と位置づけて、次々に布令を発し、土地の強制収用をすすめました。このため、"島ぐるみ闘争"と呼ばれる激しい反対運動が沖縄全土に広がることになります。

沖縄県北部の伊江島は、沖縄戦の際、米軍によって占領され、本土攻撃の基地として使用されました。このため住民は全員、慶良間諸島に移されました。戦争が終わって2年後の1947年、住民が島に戻ったとき、島の63%が米軍基地になっていました。1955年、米軍は実弾演習の場所を確保するため、「銃剣とブルドーザー」でさらに土地を取り上げました。土地の返還をもとめる行動の先頭に立った阿波根昌鴻は、「耳より上に手を上げない」などを信条に、非暴力による抵抗で交渉しましたが、米軍は応じません。沖縄の全住民に訴えようと考えた阿波根は、沖縄中を歩きまわり（「乞食行進」と呼ばれた）、米軍の不当性を訴えました。これをきっかけに"島ぐるみ闘争"が巻き起こっていきました。

▶"屈辱の日"と復帰運動──

アメリカによる長期支配が確定して軍事優先の政策がとられるようになると、沖縄では「日本」への復帰と基地の撤去を求める声が強くなっていきました。すでに対日講和の構想が明らかにされた頃、沖縄では日本復帰運動の組織的な活動が開始され、1951年4月、日本復帰促進期成会が結成されました。その後、"島ぐるみ闘争"のなかで日本復帰運動が高まり、1960年4月28日、沖縄県祖国復帰協議会（復帰協）が結成されました。復帰協に参加した各種の団体は、対日講和条約が発効し

た4月28日を"屈辱の日"(沖縄デー)として、復帰運動をすすめました。日本が主権を回復したとする日は、沖縄にとっては"屈辱の日"です。

米軍の支配下、1955年の少女暴行殺害事件、1959年の女性殺害事件など、米軍人・軍属による犯罪や事故が頻発して、沖縄の人びとの生活を脅かしていました。事件・事故をおこしても米軍人・軍属は無罪になり、被害を受けても満足な補償はありません。環境破壊、航空機の騒音、廃油・薬品による水質・土壌の汚染など、米軍基地による被害は枚挙にいとまがありません。沖縄の人びとの人権は踏みにじられていました。こうしたなかで、沖縄の人びとは基地の撤去を求め、日本復帰の願いを強めていきました。

1965年、アメリカは北ベトナムへの爆撃に踏み切り、また、大量の地上部隊を南ベトナムに送り込みました。沖縄はベトナム戦争の爆撃基地・前線基地となりました。沖縄の運動は、日本復帰を要求するとともに、反戦・反基地運動の性格を強めていきました。米軍が強権的な政策を行えば行うほど、日本復帰を求める声は高まりました。

やがて日米両政府は、沖縄政策の見直しを余儀なくされるようになります。アメリカ政府はアジアにおける軍事的・経済的な負担を日本に肩代わりさせようと考えるようになりました。1969年、日米首脳会談で沖縄の日本返還が正式に決まり、日米両国政府は米軍基地の維持を前提として、沖縄を日本に返還する交渉をすすめました。

沖縄返還の交渉が進むにつれ、米軍基地が存続することが明らかになっていきました。1971年5月、復帰協は沖縄返還協定に反対し、完全復帰を求めるゼネストを実施しました。しかし、6月、沖縄返還協定は調印されました。11月、沖縄の人びとは、5月を上まわる規模のゼネストを決行しました。同月、屋良朝苗主席(1968年の沖縄初の主席選挙で当選)は、沖縄の声を日本本土政府と返還協定批准国会(沖縄国会)に手渡すため、建議書を持って上京しました。建議書にはつぎのように記されていました。

沖縄県民の要求する復帰対策の基本もすべての戦争及びこれにつなが

■Ⅳ　現代日本を生きる

る一切の政策に反対し、沖縄を含むアジア全域の平和を維持すること
にあることを挙げてきました。そして、沖縄県民の要求する最終的な
復帰のあり方は、県民が日本国憲法の下において日本国民としての権
利を完全に享受することのできるような「無条件且つ全面的返還」で
なければならないことも繰り返し述べてきました。

≪資料≫琉球政府「復帰措置に関する建議書」（1971 年 11 月）
　アメリカは戦後二六年もの長い間沖縄に施政権を行使してきました。
その間にアメリカは沖縄に極東の自由諸国の防衛という美名の下に、排
他的かつ恣意的に膨大な基地を建設してきました。基地の中に沖縄があ
るという表現が実感であります。百万の県民は小さい島で、基地や核兵
器や毒ガス兵器に囲まれて生活してきました。それのみでなく、異民族
による軍事優先政策の下で、政治的諸権利がいちじるしく制限され、基
本的人権すら侵害されてきたことは枚挙にいとまありません。県民が復
帰を願った心情には、結局は国の平和憲法の下で基本的人権の保障を願
望していたからに外なりません。経済面から見ても、平和経済の発展は
大幅に立ちおくれ、沖縄の県民所得も本土の約六割であります。その他、
このように基地あるがゆえに起るさまざまな被害公害や、とり返しのつ
かない多くの悲劇等を経験している県民は、復帰に当っては、やはり従
来通りの基地の島としてではなく、基地のない平和の島としての復帰を
強く望んでおります。（中略）
　このたびの返還協定は基地を固定化するものであり、県民の意志が十
分に取り入れられていないとして、大半の県民は協定に不満を表明して
おります。まず基地の機能についてみるに、段階的に解消を求める声と
全面撤去を主張する声は基地反対の世論と見てよく、これら二つを合せ
るとおそらく八〇％以上の高率となります。（中略）
　去る大戦において悲惨な目にあった県民は、世界の絶対平和を希求し、
戦争につながる一切のものを否定しております。そのような県民感情か
らすると、基地に対する強い反対があることは極めて当然であります。

しかし、屋良主席の到着を待つことなく、返還協定は衆議院の特別委

員会で強行採決されてしまい、県民の声は国会に届きませんでした。

　1972年、沖縄返還は実現しました。しかし、それは沖縄の人びとが求めていた「即時・無条件・全面返還」ではなく、米軍基地の存続を前提とするものでした。

②沖縄の「現在」

▶基地の島──

　対日講和条約が成立した1952年頃、日本（本土）には米軍基地が約13万ヘクタールありましたが、1960年頃までに4分の1に減少し、約3万ヘクタールになったといいます（以下、新崎盛暉『沖縄現代史』岩波新書）。ところが、沖縄の米軍基地は、海兵隊が本土から移駐してきたため、逆に約2倍に増えました。その後、沖縄返還が合意された1969年頃から本土の基地はさらに減少しはじめ、1974年には約9700ヘクタールとなりました。他方、沖縄の米軍基地は約2万7000ヘクタールだったので、本土の約2.8倍です。

　したがって、復帰後も基地問題は沖縄の最大の課題でした。依然として米軍基地が存在することによる事件・事故が頻発し、人びとの生活を脅かしつづけました。実弾砲弾演習や軍事訓練によって自然環境・生活環境が破壊されました。1972年9月、ベトナム帰りの海兵隊員が基地労働者を射殺し、1974年7月、伊江島で米兵が青年を狙撃し、1977年12月、キャンプ・シュワブ基地内から米兵が機関銃を乱射し、1984年5月、名護市でダンプに米軍の機銃弾が命中するといった事件が発生してきました。こうしたなか、1995年、米兵による少女暴行事件がおこったことをきっかけに、日米地位協定の見直しと米軍基地の整理・縮小を求める島ぐるみの運動が高まりました。高校生代表は、県民総決起大会でつぎのように訴えました。

　　いつまでも米兵におびえ、事故におびえ、危険にさらされながら生活を続けていくことは、私はいやです。（中略）私たち若い世代に新し

Ⅳ　現代日本を生きる

い沖縄のスタートをさせてほしい。沖縄を本当の意味で平和な島にしてほしいと願います。軍隊のない、悲劇のない平和な島を返して下さい。

　沖縄戦の惨禍から50年目、これが1995年の沖縄が直面している現実でした。面積は全国の0.6%、人口は1%。この沖縄県に全国の米軍専用施設の74%が集中しています。沖縄県の面積の約10%（沖縄島の約18%）が米軍に提供されています（全国平均は0・27%）。「戦後50年」の「日本」。しかし、沖縄は「戦後」ではなく、依然、戦争と直結する基地の島でした。しかも、米軍基地の維持費の70%は日本政府が肩代わりしています。

▶普天間と辺野古──

　1995年、沖縄全体で高まった基地反対運動の結果、日米両政府は沖縄に駐留する米軍の見直しを迫られ、1996年、日米両政府は県内移設を条件に、普天間飛行場を5〜7年以内に返還することに合意しました。移設先としては、名護市キャンプ・シュワブの辺野古沖に海上基地を建設することが最適とされました。地元の名護市では強い反対運動がおこり、市民投票の結果、移設受け入れ反対の意思が示されました。しかし、1998年の市長選挙では、逆に海上基地の建設を条件付きで認める候補が当選し、県知事選挙でも経済振興を前面に押し出した候補が当選しました。こうして1999年、沖縄県と名護市は、普天間飛行場の移設先として、「名護市辺野古の沿岸域」への条件付き受け入れを表明しました。その見返りは、10年間で1000億円が投入される北部振興費でした。2002年、政府と県は辺野古沖を埋め立てて海上基地を作る計画に合意しました。

　2004年、米海兵隊所属の大型ヘリコプターが、普天間飛行場に隣接する沖縄国際大学本館に衝突して墜落炎上しました。この事故をきっかけに、普天間基地の早期移設が緊急課題となりました。2006年、日本政府はキャンプ・シュワブ基地の沿岸にV字型の2本の滑走路を建設

する案でアメリカと合意しました。沖縄県知事はこの案に反対を表明し、2010年、日米合意の見直しと普天間基地の県外移設を公約に掲げて再選されました。ところが、2013年、知事は日本政府（第二次安倍内閣）が提示する基地負担軽減策を評価して、辺野古移設に向けた埋め立てを承認するに至りました。しかし、2014年、名護市長選では移設反対派が勝利し、知事選挙でも辺野古沖の埋め立て許可の撤回を掲げた知事が大差で誕生しました。

こうして "辺野古" が、沖縄の基地問題のゆくえを問う最大の焦点となりました。

(3) 歴史認識問題の戦後史

①歴史認識がなぜ問題化したのか

▶国内問題としての歴史認識──

戦争と加害の責任の明確化とその反省は、戦後政治の原点として、戦後国際社会の流れのなかで大きく位置づけられてきました。それだけに歴史認識の焦点となる問題は、研究や教育のレベルにとどまらず、政治・外交上の大きな問題とならざるを得ませんでした。

とくに歴史認識問題の焦点となってきたのは、靖国神社問題、歴史教科書問題、日本軍「慰安婦」問題の３つです。このうち、最初に問題になったのは「靖国」と「教科書」の２つの問題でした。しかし、それは外交問題としてではなく、国内問題として登場してきました。その登場は、戦後改革を否定する流れと一体となっており、しかも、憲法問題とも連動していました。この点は、以後も基本的に一貫しています。

「靖国」と「教科書」が問題になった時期には、３つのピークがありました。第一は、1950年代半ばにかけての時期です。これは、連合国軍（アメリカ軍）による占領が終結し、講和後の日本の路線として戦後改革を否定しようとする動きが顕著になってきた時期にあたります。戦

前的なものを復活させる動きが出てくるなかで、憲法を変えることをはっきりと掲げたのは1954年に成立した鳩山内閣でした。56年には憲法調査会が内閣に設置され、憲法を自主的に改正しようという動きが高まっていきました。

こうした動きとほぼ歩みを合わせるように、靖国神社を国家管理に戻そうとする靖国神社国家護持の運動が起きます。1952年のサンフランシスコ講和直後に国家護持が政治問題化し、56年からは国会で議論がなされるようになります。59年には日本遺族会等による国家護持運動がはじまります。その後、69年には自民党が靖国神社法案を国会に提出、75年に断念するまで5回、提案がおこなわれています。

教科書問題についても、1955年に日本民主党が『うれうべき教科書の問題』というパンフレットを発行して、教科書攻撃を仕掛け、これをきっかけに教科書攻撃が強まって、その結果、検定が強化されることになりました。

戦後の教育や「靖国」の問題をめぐって、逆コースの顕著な動きが出てくるなか、国内ではこれに対する反対運動が起こりました。「靖国」の国家護持に対しては、キリスト者や仏教者が政教分離をかかげ、また、野党の反対運動もひろがっていきました。教科書問題では検定強化にたいし、1965年に家永三郎氏が教科書裁判を提起しました。こうして教科書問題でも靖国問題でも、まず、国内においてせめぎ合いがくり広げられていったのです。

▶「歴史」の外交問題化──

歴史認識問題の第二の波は、1980年代に起こりました。60年代の高度経済成長期には、経済成長による国民統合がすすめられたのですが、「国際化」が強調された80年代には、国家的な価値、戦前的な価値をよみがえらせようとする支配層の動きがあらためて強まりました。その代表が中曽根内閣の登場です。

これに先立つ1980年10月には、自民党内に設けられた憲法調査会が

憲法改正に関する検討を再開しています。翌年4月には、憲法第9条や
天皇の地位などの見直しを中心とする改正草案の作成を決定するなど、
自主憲法期成議員同盟の活動の活発化がはかられています。こうしたな
かで1982年、「戦後政治の総決算」を掲げる中曽根内閣が成立し、翌年
1月、自民党は党大会で「自主憲法」制定の決議をあげました。

　この時期、靖国問題では、国家護持を求める方向からの路線転換がは
かられ、公式参拝を求める動きが強まっていきます。1980年前後の時期、
地方議会で公式参拝を求める決議があげられます。これに呼応しながら、
自民党の衆参両院議員260人近くが「みんなで靖国神社に参拝する国会
議員の会」を結成して動き始めます。1985年には、官房長官の諮問機
関「閣僚の靖国神社参拝問題に関する懇談会」が公式参拝は可能との意
見書を提出します。そして85年8月、ついに中曽根首相は戦後の歴代
首相として初めて靖国神社に公式参拝したのです。

　ところが、この第二のピークは、第一のそれとは違って、国内問題で
終わらなかったところに、大きな特徴がありました。中国・韓国を中心
にアジアからきびしい批判が向けられ、中曽根首相はいったん公式参拝
したものの、翌年からは中止せざるを得ない状況となりました。

　アジア諸国との間で大きな争点になってきたのは、教科書問題も同じ
です。1980年の『自由新報』による「いま教科書は」キャンペーンの
開始などからはじまったこの時期の教科書偏向攻撃のもとで、教科書の
検定は強化され、とくに82年6月に発表された教科書検定の結果では、
高校社会科の原稿本に対する検定意見の合計が、平均300～400ヵ所に
ものぼりました。中国・韓国からは、日本の侵略の歴史が歪曲されたと
のきびしい批判が寄せられました。政府は外交レベルで対応せざるを得
なくなり、同年8月に宮沢喜一官房長官の談話で「政府の責任において
是正する」と表明し、教科書検定基準に、「近隣のアジア諸国との間の
近現代の歴史的事象の扱いに国際理解と国際協調の見地から必要な配慮
がされていること」という「近隣諸国条項」を入れることになったので
す。日韓基本条約から17年目、日中共同声明から10年目のことです。

■Ⅳ　現代日本を生きる

　つまり、「戦後政治の総決算」を掲げる流れと連動しながら、歴史認識問題、教科書問題、靖国問題が浮上したものの、国内外の連動した批判の動きのなかで矛先をおさめざるを得なくなったのが80年代だと言えるでしょう。

　この時期には、閣僚が失言によって辞任に追い込まれるという事態も顕著になってきます。1986年には藤尾正行文相が雑誌で「日韓併合は韓国にも責任」などと発言して罷免され、88年には奥野誠亮国土庁長官が「侵略の意図はなかった」と国会で発言して、辞任するにいたっています。

▶戦争責任の問題化──

　1989〜91年の東欧激変とソ連崩壊によって冷戦構造は変容しました。東アジアでは民主化の動きが強まって、個人レベルの人権への注目と、その保障を求める動きが目立つようになりました。1991年には、韓国の金学順さんが「慰安婦」だったと名乗り出て、日本を告発するに至ります。これをきっかけに、侵略"された"側からの告発が強まり、「慰安婦」問題など、日本に対して謝罪・補償を求める様々な訴訟が提起されるようになりました。いわゆる「戦後補償訴訟」です。韓国・朝鮮人の元BC級戦犯、元兵士・軍属・元「慰安婦」らが謝罪と補償を求めて提訴しました。

　この時期、歴史学の側では、侵略戦争に関する研究が進展し、南京事件・731部隊・「慰安婦」問題など、さまざまな加害の事実が解明されていきました。1980年代に展開した流れによって、歴史研究の分野も大きな刺激をうけ、「十五年戦争」史の研究が本格化しました。侵略戦争としての戦争の問題、加害の問題についての解明が格段にすすんだのです。とくに戦争の実態や残虐な行為そのものの解明が大きく前進して、政府の見解にもこれが反映せざるを得なくなる状況が生まれました。その顕著な例が日本軍「慰安婦」問題をめぐっての資料の発見です。

　事実の究明とアジアの側からのきびしい視線がからまり合って、メデ

139

ィアの姿勢にも大きな変化が生まれました。これまでの "被害としての
戦争"、あるいは厭戦意識という視点が、アジアとの関係で鋭く問い直
され、加害責任をいかに自覚化していくべきかを、メディアも積極的に
国民に伝えるようになっていったのです。

　戦争認識や戦争責任に関する意識が深まりをみせ、侵略戦争だったと
とらえる認識、加害の事実に関する認識が日本の社会に広がっていきま
した。戦後補償裁判に対する国境を越えた支援と連帯の動きも広がりま
した。

　こうしたなかで、日本政府にも相応の変化が生まれ、1993 年には宮
沢喜一内閣の河野洋平官房長官が、「慰安婦」について初めて "強制"
を認め、謝罪しました。そのすぐ後の衆議院議員選挙で自民党は過半数
を割り、自民党・社会党という 2 大政党の対抗を基本とする 55 体制は
崩壊しました。非自民 8 党派による連立内閣が成立し、93 年 8 月、細
川首相は記者会見で、先の戦争は「侵略戦争、間違った戦争だと認識し
ています」と明言しました。同月の政府主催全国戦没者追悼式の式辞で
も、細川首相はアジア近隣諸国などの犠牲者に対し哀悼の意を表明しま
した。さらに所信表明演説でも、「侵略行為や植民地支配」への「反省
とおわび」を表明し、11 月の日韓首脳会談では、朝鮮半島の植民地支
配に対して、加害者としての陳謝を表明しました。

　こうして、国民の戦争認識においても、被害認識だけではダメなこと
が自覚され、教科書でも、加害の問題や戦後補償問題を記述する動きが
はっきりしてきました。これは、1996 年に検定結果が公表された中学
校歴史教科書（1997 年版）の顕著な傾向となりました。7 社すべての教
科書に「慰安婦」に関する記述が登場したのです。

　戦前、日本軍「慰安婦」が戦場に "登場" したのは、1932 年、第一次
上海事件の際、陸軍が「慰安所」を開設したのが最初だとされています。
1937 年、日中戦争が全面化して以後、「慰安所」は急増していきました。
1941 年、アジア太平洋戦争となって、東南アジア地域にまで戦場が拡
大すると、「慰安所」も各地に設置されていきました。

■IV　現代日本を生きる

　「慰安所」には、軍が直営するもの、業者が経営して軍が専用とする
もの、軍が民間の遊廓等を指定したものなど、各種ありました。「慰安所」
では、日本本土・植民地（朝鮮・台湾）、占領地（中国・東南アジア）
から連れてこられた女性たちが、「慰安婦」として、「日本人」男性であ
る軍人・軍属の性の相手をさせられました。それは、戦争・軍と一体化
した“性奴隷”施設だったのです。

　「慰安婦」はどの国でも活用していた、日本だけではない、戦争には
必要だなどと主張する人がいます。軍と売春はつきもので、歴史の原理
のようなものだなどと語る人もいます。しかし、第二次世界大戦の際、「慰
安婦」を組織的に制度化していたのは、日本とナチス・ドイツだけだと
いいます。日本の場合、「慰安所」設置の計画立案、業者の選定・依頼・
資金の斡旋、女性集め、女性の輸送、「慰安所」の管理、建物・資材・
物資の提供などに、軍が密接に関与していました。

　戦争の終結によって、戦地にいた「慰安婦」の女性たちも、出身地な
どに帰りましたが、そのまま“残留”せざるを得なかった人も少なから
ずいました。しかし、ともに身体的・精神的な後遺症・トラウマに悩ま
されつづけ、また、“恥しいこと”“隠すべきこと”だとする意識と社会
的な差別のなかで、戦後を送らざるを得なかったのです。そうした女性
たちが、時代の大きなうねりのなかで、ようやく声をあげ始めました。

②歴史認識をめぐるせめぎあい

▶せめぎあいの中の「村山談話」──

　1994年、自民・社会・さきがけの連立政権が成立しました。そして
翌年、社会党の村山富市首相が戦後50年にあたっての談話を発表する
ことになります。

　1990年代の流れをふり返ってみると、戦争責任をめぐって2つの流
れがせめぎあってきたことがわかります。細川内閣ののち、羽田内閣を
へて村山内閣が登場し、「戦後50周年の終戦記念日にあたって」と題す

141

る「村山談話」がつくられるわけですが、この「村山談話」自身が2つのせめぎあいを反映していたと言えます。

　細川首相の「侵略戦争」発言に続く、羽田・村山両内閣は、「侵略戦争」との明言はさけつつ、結果として日本の「行為」が周辺諸国にもたらした惨害を反省・謝罪する路線をとりました。そのもとで1994年8月、村山首相は、「戦後50年に向けての首相談話」を発表し、いろいろな批判はあるにしても、民間基金による元「従軍慰安婦」への見舞金支給や1000億円の平和友好交流計画などを発表しました。95年7月には、その「従軍慰安婦」問題に対し、民間から補償金を集め、運営・支援事業費は国が持つ「女性のためのアジア平和基金」を発足させました。そして、95年8月15日に、戦後50年にあたっての首相談話を閣議で決定し、発表して、植民地支配と侵略によってアジア諸国をはじめ多くの国々に損害と苦痛を与えたとお詫びの意を表明することになるのです。

> ≪資料≫「戦後五〇周年の終戦記念日にあたって」村山内閣総理大臣 (1995年8月15日)
>
> 　わが国は、遠くない過去の一時期、国策を誤り、戦争への道を歩んで国民を存亡の危機に陥れ、植民地支配と侵略によって、多くの国々、とりわけアジア諸国の人々に対して多大の損害と苦痛を与えました。私は、未来に誤り無からしめんとするが故に、疑うべくもないこの歴史の事実を謙虚に受け止め、ここにあらためて痛切な反省の意を表明し、心からのお詫びの気持ちを表明いたします。また、この歴史がもたらした内外すべての犠牲者に深い哀悼の念を捧げます。

　この「村山談話」には、80年代、あるいは90年代に顕著になった戦争に対する認識の深化が、反省・謝罪という形で、さまざまな不十分さを残しながらも反映していたということができます。

　ところが他方で、村山政権の時期には、政治家による失言も相次いでいます。すでに羽田内閣時代の1994年5月、永野茂門法相が、インタビューで「南京大虐殺はでっちあげ」「太平洋戦争は侵略戦争ではない」

と発言し、法相を更迭されるという事件がありました。村山内閣になっても、94年8月、桜井新環境庁長官が記者会見で太平洋戦争の侵略性を否定する発言をして、辞任しています。95年8月、内閣改造にあたって村山首相は、新しい閣僚に過去の戦争に対する歴史観については所信表明演説の範囲内で発言することを求めました。ところがその直後、就任したばかりの島村宜伸文相は、記者団に対し「侵略のやりあいが戦争だ」という趣旨の発言をします（その後発言は撤回）。「村山談話」が発表された同じ日、靖国神社には橋本龍太郎通産相ら自民党出身閣僚10人が参拝し、4閣僚がこれを「公式」参拝だとしました。自民党・新進党・さきがけの国会議員170人も集団参拝しました。

　一方、植民地支配については、すでに6月、渡辺美智雄外相・副総理が「日韓合併は円満に行われた」と発言して問題になっていましたが、10月には、村山首相自身の議会答弁（「日韓併合条約は法的に有効に締結された」）に対して、韓国・北朝鮮から厳しい批判が向けられました。結局、首相自身が衆議院予算委員会で舌足らずだったと釈明し、韓国大統領あてに、日韓併合条約は帝国主義時代の条約で対等・平等でなかったという親書を送る事態となりました。さらに、11月には、江藤隆美総務庁長官が、朝鮮植民地支配に関し「日本は韓国によいこともした」と発言したことが明らかとなって、辞任に追い込まれました。

　このように「村山談話」は、一方では前進的な側面をもちながら、他方ではさまざまな否定的な動きを包み込んでいた、あるいは押さえ込んでいたということができます。

▶「戦後50年」の政界潮流──

　村山内閣の時期には、「戦後50年国会決議」をめぐる激しいせめぎあいが国会レベルでもおこっていました。

　「戦後50年」にあたって「国会決議」を採択しようとする動きが直接にスタートしたのは、1994年6月の村山内閣の発足時です。これに対して同年12月、自民党内に「終戦五十周年国会議員連盟」が発足し、「戦

争謝罪決議」反対の運動を始めました。95年2月、新進党でも「正しい歴史を伝える国会議員連盟」が発足し、不戦決議反対を表明しました。背後では、日本遺族会などが「不戦・謝罪決議」をつぶすための活動を展開していました。そして、国会が紛糾しているさなかの5月には、決議反対勢力が東京の日本武道館で「アジア共生の祭典」を開きます。

　このような動きのなか、与党3党（社会党・自民党・新党さきがけ）が調整と妥協を重ねた結果、95年6月、衆議院本会議は、「歴史を教訓に平和への決意を新たにする決議」を採択しました。この日、日本共産党は出席して反対、新進党は欠席、与党側でも約70人が欠席しました。その結果、決議に賛成したのは、議員数の半数にも満たない230人ほどという異例の事態となりました。決議に対する反対・欠席には、全く相反する2つの立場、考えがありました。一つは、侵略戦争としての性格を明らかにし、責任を明確にすべきだとする日本共産党の立場であり、もう一つは、これとは全く逆に、「不戦・謝罪」決議を阻止しようとする自民党・新進党内に根強い立場でした。

　「国会決議」は、「世界の近代史上における数々の植民地支配や侵略的行為に思いをいたし、我が国が過去に行ったこうした行為や他国民とくにアジアの諸国民に与えた苦痛を認識し」と述べています。その背景には、"皆（列強）がやっていたからしょうがなかったのだ"という認識があると言えます。しかも、「侵略戦争」と規定することを避けて、問題を個々の「侵略行為」に解消し、さらに「侵略的行為」へと薄めています。

　「侵略」「植民地」に関する表現は、自民党案では「列強が他国への侵略的行為や植民地支配を競い合った一時期、我が国もその渦中にあって、自国の安寧を考え、ついには、多くの国々と戦火を交えた」となっていました。新進党の党声明案も、「19世紀後半から列強は市場拡大を求めて植民地の獲得、拡大に走った。わが国も自存のためとはいえ、その潮流に乗った」としていました。

　しかし、これらは、1941年から45年にかけての戦争の最も基本的な

性格、凶暴なファシズムによる侵略勢力と反ファシズム勢力のたたかいという本質を無視するものでした。また、それは侵略戦争を合理化する強盗の論理だったともいえます。「皆が泥棒をするから、俺もした。そうしなければ、俺も生きていけない」という論理です。では、「強盗」に入られた側の「安寧」と「自存」はどうなるのでしょうか。

それどころか、居座っていた別の強盗を追い払ってやったではないかという議論さえありました。自民党「終戦五十周年議員連盟」の奥野誠亮会長は、日本は「アジアとたたかったのではなく、米英とたたかったのであり、結果としてアジア諸国は独立した」と語りました。「アジア共生の祭典」宣言も、「大東亜戦争をはじめとする幾多の試練があり、苦難に満ちたアジア独立への戦いがあった」としていました。あの戦争は、アジア独立のための戦争だったというのです。むしろ日本に感謝して当然だから、反省も謝罪も不要というわけです。

▶「靖国」と「教科書」の巻き返し──

実は、こうした流れは、細川発言直後の時期に本格化してきたものでした。1993 年 8 月、自民党の靖国関係三協議会（英霊にこたえる議員協議会、遺家族議員協議会、みんなで靖国神社に参拝する国会議員の会）は「歴史・検討委員会」を設置していました。この会は、公正な史実に基づいた日本人としての歴史観を確立するとして、「大東亜戦争をいかに総括するか」を基本テーマに毎月 1 回、講師を招いて委員会を開催し、95 年 8 月、『大東亜戦争の総括』を刊行しました。講師として登場しているのは、ほとんどが従来から「大東亜戦争」肯定の立場をとってきた人びとでした。自民党の「侵略戦争」拒絶派、「大東亜戦争」肯定派は結束して「村山談話」に対抗し、国会決議の骨抜き化をすすめる動きを展開していたのです。

ちょうど同じころ、1994 年には、歴史教育の分野で「近現代史の授業改造」を提唱する藤岡信勝東京大学教授が「自由主義史観研究会」を結成しました。藤岡氏は、戦後歴史学の成果に「東京裁判史観」とい

うレッテルを貼って非難を加えつつ、当初は露骨な「大東亜戦争肯定史観」も"批判"して、自らの立場を「自由主義史観」と標榜していました。しかし、その後、藤岡氏は急速に「大東亜戦争肯定論」へと傾斜していき、結果的には96年夏あたりから「歴史・検討委員会」の流れと合流していくことになります。靖国問題と教科書問題は連動していったのです。

　こうして90年代後半からは、戦争認識の逆流とも言える現象が、ナショナリズムの台頭とあいまって顕在化し、歴史教科書問題が再び焦点になっていきました。

　ただし、逆コースが一路すすんだわけではありません。たとえば、小渕内閣の時期、1998年10月に金大中韓国大統領が来日した際、小渕首相は過去の植民地支配に「反省とお詫び」を表明し、共同宣言では、過去の歴史に区切りをつけ未来志向の新たな日韓パートナーシップを築くことが表明されました。同年11月、江沢民中国国家主席が中国の元首として初の公式訪日をした際には、歴史と台湾問題は日中関係の根幹だということが強調されました。この時期に、国家的な表明がなされていることは注目しておくべきです。「村山談話」の内容を実際の外交レベルで展開し、それに即して歴史認識問題の解決、克服を図る方向性があり得たといえます。

　ところが、一方で1997年1月、「新しい歴史教科書をつくる会」が発足し、2001年4月には「つくる会」の「歴史教科書」が、文部科学省の検定を通過して、正式に中学校教科書となりました。この教科書は、国内外の厳しい批判をうけて、学校現場での使用はごくわずかにとどまりましたが、この教科書"騒動"は、教科書内容と教科書"市場"のありように激変をもたらし、全体として侵略戦争と加害問題に関する記述を教科書から後退させてしまいました。とくに「慰安婦」関係の記述はごく一部の例外を除いて姿を消すことになりました。さらに4年後の2005年4月の検定で、「つくる会」は前回と同様、アジアに対する侵略・加害の事実を排除し、侵略戦争の肯定・美化を基調とする教科書を通過させます。

■IV　現代日本を生きる

　一方、1996年7月には、橋本首相が、中曽根首相以来、10年ぶりに
靖国神社に参拝しました。教科書問題と靖国問題は、またもあいまって
登場してくることになります。そして、2001年8月以降、小泉首相は
毎年靖国神社への参拝を続け、教科書問題と靖国問題の2つの問題を"押
し切り"ながら、改憲路線を射程におさめていくことになりました。

▶歴史認識をめぐる3つの潮流──

　以上のような日本社会における歴史認識の潮流は、およそつぎの3つ
にまとめることができます（吉田裕『日本人の戦争観』岩波書店、を参
照）。

　第一は、かつての戦争を依然として肯定・美化する伝統的な潮流です。
戦争目的の肯定（アジア解放）、戦争にまつわる残虐性・加害性の否定（南
京大虐殺まぼろし論など）、戦争結果の美化（植民地支配肯定論、アジ
ア諸国独立貢献論）などがその中身です。

　第二は、ある程度、戦争の責任を容認することによって、過去からの
束縛を断ち切り、本格的にアジアに進出していこうとする便宜主義の潮
流です。侵略的行為などと、部分的には責任を認める姿勢を示しつつ、
謝罪・補償抜きですり抜けようとします。

　第三は、いうまでもなく、かつての戦争を侵略戦争と認識して、それ
に伴う責任を明確化しようとする潮流です。当然のことながらこれには
謝罪・補償という具体的な措置がともなわざるを得ません。

　1990年代には、一方で、第三の潮流が大きなうねりとなって第一の
潮流を追い詰め、結果として政府サイドにおいても、何らかの意味で第
二の潮流によらざるを得なくなっていきました。しかし、1990年代半
ばのいわゆる「戦後50年」を前後して、第三の潮流に「自虐」的とい
う攻撃を集中しながら、第一の潮流の復権をはかり、ひいては第二の潮
流を第一の潮流の方へ誘導しようとする動きが顕著となっていきまし
た。現在に至る教科書問題の直接の発端は、ここにあります。

147

(4) 歴史認識と日本国憲法

①過去から未来へ──日中韓三国の歴史認識

▶それぞれにとっての戦争の意味──

　7月7日は何の日でしょうか。日本ではもちろん七夕です。しかし、中国の人びとはこの日を七七事変（盧溝橋事件）の日、歴史上、忘れがたい日として記憶しています。1937年の事件をきっかけに、日本と中国の間の戦争が全面化していったからです。ところが、日本では日中戦争があまり見えていません。

　つぎの質問。8月15日は何の日でしょうか。日本では「終戦記念日」です。では、日本はどこに「負けた」のでしょうか。思い浮かんでくるのは、アメリカを中心とする連合国でしょうか。豊かな大国アメリカを相手とした無謀な戦争、悲惨な戦争というイメージです。そして、発端として思い起こされるのは、12月8日の真珠湾攻撃です。

　しかし、戦争の発端は、じつは1931年9月18日の満州事変（九一八事変）にさかのぼります。ところが、中国との15年にわたる宣戦布告なき戦争の印象が、日本では薄いといえます。中国との戦争に負けたことも、中国で何をやったのかも余り見えてこない。日本が中国に攻め入り、領土を侵し、一千万人以上ともいわれる人びとを殺害したこと。また、日本が三十数年にわたって朝鮮半島を植民地支配し、日中戦争の時期、ここを足場として中国侵略をすすめたこと。こうしたことが強くは意識されていないのではないでしょうか。

　日本にとって8月15日は、いわゆる「終戦記念日」として、戦争の悲惨さを思い起こし、平和を願う気持ちを共有しようとする場として、毎年くり返されています。しかし、中国にとっては、いうまでもなく抗日戦争勝利の日として思い浮かべられます。韓国にとっては、日本の植民地支配からの解放の日として受けとめられています。同じ日のとらえ

方が、対照的な差を見せているのです。同じ事柄をそれぞれの側からとらえ返すことによってこそ、それぞれにとっての意味が見えてくるはずです。

しかも、日本が「敗戦」として主に思いうかべる戦争は、アメリカとの戦争であり、アメリカに敗北した"無謀な戦争だった"というとらえ方です。そして、くり返してはならない戦争として、東京大空襲や原爆の悲劇、悲惨さが強くイメージされます。

もちろん、それは重要な意味をもっており、戦後日本の平和意識や戦争に対する拒否感を強く支えてきた土台だといえます。しかし、そうしたイメージだけでは解けない問題があります。中国との戦争はどう展開してきたのか。中国は日本との十数年間にわたる戦争を展開し、とくに1937年以後の全面戦争で膨大な犠牲を払いながら、激しい抗日戦争を展開してきた——この事実がほとんど消えてしまうことになります。裏返せば、日本の中国に対する侵略戦争が、中国側から見たときにどのような被害（日本による加害）をはらんでいるのかは、問わないままに通りすぎしてしまう可能性が高いのです。また、この戦争の時期、日本は朝鮮半島をどのように位置づけ、何をしてきたのか。東アジアの三国にとって、戦争が何であったのかを思いうかべることができるような認識が必要です。

実は、そうした機運は、少なくとも1990年代半ばまでは高まっていて、あの戦争は、アジア解放の戦争というものでは決してなく、侵略戦争だったという認識が広がりをもって国民のなかでうけとめられる状況が高まっていました。ところが、これに対して、すでに述べたように、戦争を肯定し正当化しようとする動きが巻き返しをはかろうとし、それがアジア近隣諸国との摩擦を引き起こすことになったのです。

▶三国の歴史の全体像をてらして──

日本による戦争が終結してから70年以上が経過しました。日本だけでなく、中国や韓国にとっても、70年という時間の経過は長いものです。

体験と記憶の継承という問題は、三国に共通する問題をはらんでいます。

　日本での戦争の体験者は、当時20歳とすれば、現在90歳を越えています。疎開など子どもとして体験した人もすでに80歳を越えています。これから社会を担う層は、体験者の孫、ひ孫の世代になっていきます。ですから、戦争をふり返る際、リアリティが希薄になり、語られることが信憑性や迫真力をなかなか持ちえない状況になってきています。同じように中国や韓国でも体験者が少なくなっています。語られ方、伝えられ方が大きな意味をもつ段階になってきているのです。

　その意味で、教育がとくに重要になっています。中国や韓国と日本の歴史教育のギャップが、それぞれの国民意識のあいだの溝を拡大しかねない、実際にそうした現象を引き起こしています。だからこそ、過去にあった事実をどう掘り起こし、伝え、未来につなげていくのかが、いよいよ切実になっています。

　記憶が希薄になるにつれ、戦争は美化されやすくなります。中国や韓国にとっても、戦争や植民地支配が語られ方によって左右され、実体験や事実の確認以前にセンセーショナリズムに絡め取られやすくなっています。あらためて事実を確認し、それをどう未来につなげていくのかを議論しあい、対話を重ねることが必要になっています。

　東アジアの近代は、日本の膨張政策と植民地支配、中国への侵略戦争という流れのなかで展開しました。こうした歴史を、一国の立場ではなく、まずは密接に関係しあった日本・中国・朝鮮（韓国）という三国の視点からとらえ返したいものです。三国の歴史の全体像をてらしながら、戦争の意味、侵略の意味を考える必要があります。

　歴史認識を共有するためには、さまざまな事実について、立場や見方をかえながら検討し、認識の共通部分を大きくしていくことが必要です。もちろん認識のすべてを一致させることはできません。戦争をどう見るかは、国同士のレベルだけでなくて、国内でもさまざまな議論があります。しかし、重要な部分、決定的な部分を欠落させたままで議論したのでは、認識のゆがみや一面化をまねいてしまいます。事実をありのまま

にとらえ、その意味を、未来を志向する立場から議論してゆけば、共通項を拡大することができます。議論を重ねることによって、理解は深められていくはずです。

▶アジアと共生できる日本をどうつくるか──

日本の歴史をふり返って、アジアにどのような視線をむけ、アジアとどう関係してきたのかを考えてみましょう。日本は、明治維新以後、ヨーロッパを見習いながら、文明化をすすめました。「脱亜入欧」というスローガンのもと、「富国強兵」を掲げて、近代国家の建設をすすめたのです。それは、アジアにいるにもかかわらず、ヨーロッパの強国の仲間入りをし、強国としてアジアを支配しようとする道のりでした。

しかし、日本はヨーロッパの強国と同じように行動しても、アジアの一国です。ですから、他方で、日本はアジアのリーダーとなり、アジアを率いて、ヨーロッパと対抗するのだという主張がうかびあがってきます。近代の日本では、アジアを抜けだそうとする道筋と、アジアのリーダーになろうとする道筋とが、重なりながら展開していくことになりました。

両方に共通しているのは、日本はアジアで一番すぐれているという立場です。日本はアジアにたいして、「一等国」「優越者」として向きあいました。そして、日本が膨張し、支配することは、アジア諸国にとってもプラスだと考えたのです。こうした立場からは、日本の支配は正しく、これに対する抵抗は許しがたいものだと見えてきます。アジアを植民地支配しながら、その支配は「相手のためだ」と考える錯覚した意識がつくられていきました。

戦後の日本では、アメリカの占領下で、民主化、非軍事化がすすめられました。そして、1951年のサンフランシスコ講和条約の締結後も、日本は日米関係を機軸に歩んできました。その結果、アジアにたいする目はふさがれたまま、経済復興をとげていくことになりました。その過程で、日本はアジアにたいする謝罪を明確にしないまま、賠償のかわり

に資金援助や技術援助をしていきました。それは、結局、日本がアジアに経済進出するための基盤となりました。こうして、戦争にたいする明確な責任追及をまぬかれ、賠償や補償で戦争をきちんと清算することなく、日本は戦後を歩んできたといえます。

しかし、1980〜90年代、アジアでの民主化の進展や「冷戦」の崩壊を機に、個人補償問題などに厳しい視線がむけられるようになりました。日本の加害の問題を解明しようとする動きが内外で強まりました。戦争を加害の問題として、アジアとの関係でとらえ返そうという動きがひろまっていったのです。

今、日本は、戦後きちんと戦争問題の処理をしてこなかったツケに直面しています。今後の日本は、日米関係だけでは生きてはいけないでしょう。アジア諸国とのきちんとした友好関係をきずかなければ、日本は孤立します。日中・日韓関係が不可欠になるなか、未来にどう向かうのかという視点から、アジアとの歴史を学び、考えていくことが不可欠です。

②歴史問題を解決していくために

▶事実を学び、過去をとらえ返す──

実際に体験したことがない人は、語られなければ、伝えられなければ、何があったのかを知ることはできません。過去の戦争についてもそうです。

70年以上前、膨大な犠牲をはらって敗戦をむかえたときは、全員が戦争の体験者でした。以後、戦後の日本社会は、戦争の被害、悲惨さの体験から、「もう戦争はごめんだ」という、戦争拒否のつよい意識に支えられて、「平和」を守ってきました。

しかし、日本がおこした過去の戦争は、侵略戦争でした。ですから、被害者である以前に、日本は他国を攻め、侵略しようとした加害の側にいます。中国などアジアの各地で、戦争による膨大な悲惨さを生み出し

たのは、日本です。しかし、被害の面は主張しても、侵略や加害の事実には、口をとざし、目を覆ってしまいがちです。人をひどい目にあわせたことは、思いだしたくないし、語りたくないという思いからです。

　敗戦当時、20歳だった人は、すでに90歳を越えています。戦争体験者はどんどん少なくなっています。体験者がいなくなると、戦争の悲惨さも、希薄になっていきかねません。戦争の悲惨な現実や暗い影などが消され、戦争の明るさ、いさましさが押し出されると、戦争へのハードルは下がり、戦争への暴走がはじまりかねません。しかも、加害の事実を語られることも、知ることもない人は、アジアの側からの厳しい視線の意味がわからず、いたずらに反発の思いを強めかねません。

　この現実を解決するためには、日本社会にとっての戦争の意味をつかむことが必要です。第一に、戦争の本質を問わなかった日本社会の過去をとらえ返し、アジアとの対話の道をひらくことです。その大前提は、自らが起こした侵略戦争の責任を明確にすることにあります。第二に、空襲や原爆の投下など、被害の問題についても、きちんと学ぶことです。そして、このような惨禍の原因をつくった日本政府・軍部の責任を明確にするとともに、原爆投下などによって膨大な庶民を殺害したアメリカをも告発していくことです。これらすべては、これまで日本政府があいまいにしてきたことがらです。

▶ドイツとの比較──違いは何か──

　日本の戦後のあり方、戦争責任のあり方は、しばしばドイツのあり方と比較されます。ドイツでは、歴史教科書についての対話が、第二次世界大戦以前からフランスなど近隣国とのあいだでおこなわれており、戦後もそれを引きつぐかたちで、早い時期からフランス等との対話がはじまっていたそうです（以下、近藤孝弘『国際歴史教科書対話』中公新書）。民間レベルではポーランドなどとの対話の機運もあり、1970年代に入ってその動きが本格化しました。しかも、ドイツでの社会民主党政権の誕生がそうした動きを加速する支えとなったように、社会の変化、政治

153

の変化が背後にあったといえます。この点、遅ればせながら、しかも、対外的な批判に促迫されてスタートした日本とは異なります。

　さらに重要な点は、ドイツは、地理的にも、国家路線としても、ヨーロッパの一国として存在し、ヨーロッパの中でその歴史を歩んできたという点です。また、ドイツはヨーロッパのなかでは、相対的に "遅れた" 存在でした。ところが、日本は戦前・戦後とも、アジアの近隣諸国と対話し、共存しようとするスタンスを基本的にとろうとしませんでした。日本は、戦前においては、「脱亜入欧」という言葉に示されるように、地理的にはアジアに存在しながら、国家路線としては、ヨーロッパ並みの国として認知されることを大きな課題としました。しかも、他方では、アジアのリーダーとして、アジアの覇権を握る──アジアを一つにまとめるという意識をもって対処してきたのです。アジアのなかで、対等な関係で相互性をもっていくのではなく、つねにアジアの上に立ち、アジアを蔑視するという歴史をおくってきたといえます。

　しかも、敗戦後もそれは清算されず、戦後はもっぱらアメリカとの関係を基軸としたため、アジアのなかで歩もうとはしませんでした。アジアのなかで戦争をとらえ返し、近隣諸国との友好関係をつくるという課題は、1950年代初頭の講和のなかでも脇に置かれ、その後ずっと現在までもちこしてしまっています。このように日本は、ドイツとは異なって、大きなつけを残したままで戦後を歩んできました。

　ドイツの場合、ドイツ帝国が崩壊したあとにワイマール共和国が誕生し、そのなかから国民的な支持をえてヒトラーが権力をにぎり、戦争を推進しました。ある意味で、ドイツ社会は能動的にヒトラーとナチスを支持し、そして、その敗北によってヒトラーは自殺し、敗戦を迎えました。だからこそドイツでは、戦後、ナチスへの批判は明瞭な仕方で展開され、永続的にナチスの戦争犯罪を追及するというスタンスが確立されました。それに対し、日本の場合、戦前・戦後を通じて、政治の仕組みが少なからず連続しています。そのため戦争に対する向き合い方が、不明確になっているのではないでしょうか。

■IV　現代日本を生きる

　そこには、ドイツが、米英仏ソ４ヵ国によって直接占領されたのに対し、日本の場合は、アメリカによる事実上の単独占領で、しかも、間接統治という形がとられたこと、戦前の政治家や政治システムが事実上残る形で戦後がスタートしたことなども関係しているといえます。戦争は天皇の玉音放送により終わりました。戦争を推進した勢力が戦争を終わらせ、国体の護持が重要な課題とされ、「一億総懺悔」がおこなわれるなかで戦争認識がスタートしました。この点も日本社会に残された大きなツケです。

　加えてドイツの場合、戦争の加害は、ユダヤ人に対する加害として、その行為が目の前で展開され、記憶されています（油井大三郎『日米戦争観の相克』岩波書店）。日本の場合、加害は、その多くが朝鮮半島、中国大陸、そして東南アジアといった外地でおこなわれ、むしろ国民的な体験としては、空襲や原爆、沖縄戦の悲惨さなどが焼き付けられました。だからこそ、外でおこなわれた加害についてはメディアや体験者がどう語るかが重要なのですが、当時、メディアは事実とは逆のことを語り、当事者も加害については、基本的に口を閉ざしました。そのことが、加害が国民的な戦争認識のなかに根をはることを妨げてきたともいえます。

　このように考えてみると、より構造的な日本社会の特質をえぐり出す作業が必要であると考えられます。日本の独自の課題を明確にしてとりくんでいくことが、歴史対話という課題にも必要なのです。

▶された側からの視点──

　日本が直面しているこうした課題にこたえるためには、侵略戦争によって膨大な犠牲をだした中国や、植民地化された韓国の側から戦争を眺めるという視点を組み込むことで、日本社会が見えなくなったものを見えるようにする作業を重ねることが必要です。それは、戦争中に日本社会がもちえなかった自己認識を日本人自身がつくりあげていく道でもあります。それは、記憶の欠落部分をうめていく、私たち自身の重要な認

155

識回復のための作業だといっていいのです。中国や韓国が言うから、ということではなく、この問題は実は私たち自身の課題としてあるのです。

　単純に当時の記憶とか記録とかを再現しただけでは、これはできません。なぜなら、戦争中のそれぞれの体験は、戦争全体のごく一部分に過ぎず、しかも、情報管理のなかでの体験ですから、その体験に関する認識に歪みがはらまれていないとはいいきれません。そうした歪みを正していくためには、広い視野と、その後の歴史のなかで検証されたことをつきあわせていく作業が不可欠です。つまり、歴史をふり返るとき、当時の人びとによりそうと同時に、他方では、当時の人びとを現在の現実から相対化してみてみることが必要です。当時の体験だけに依拠すれば、あの戦争は正しく、アジア解放のためものであったという錯覚のままが記憶されてしまうことにもなりかねません。

　また、一国史では自分の国のことは見えますが、他国のことは外に置かれてしまいます。たとえば日本にとって、戦争の現地でおこったことは日本史のなかには組み込まれてこない。侵略戦争であるということは見えても、そこで何がおこなわれ、その結果どうなったかが必ずしも見えてこない。まして、その侵略に対して相手側がどう対応したのかは、なかなか自国史からは見えてこないのです。

　そうした一国史を越える作業をすることによって、自国史だけでは見えないことが浮かび上がり、認識の共通項が広がっていくと考えられます。このような複合的な視点と多面的なアプローチがあってこそ、歴史像は豊かなものになってゆきます。まず知ることです。戦争の事実や意味、本質を学びながら、考え、討論し、自分の考えを深め、さらに世界の人びとと交流していくこと。そうすれば、アジアや世界との関係もかわっていきます。

③日本国憲法のなかの歴史

▶過去・現在・未来のなかで──

　時間の経過とともに、体験は減少し、記憶は希薄化していかざるを得ません。社会の歩みとともに、戦争を体験した戦前日本の構成員は不可避的に減少し、かわって戦争の体験と記憶をもたない構成員の比率が増加していくことは不可避です。

　戦争体験者が体験の意味を語ることができる時代には、その体験を直に確認することができました。また、たとえ体験が語られない場合も、その体験の記憶は、多かれ少なかれ当事者のなかに深く沈殿してきました。そうした戦争の生々しい体験と記憶が社会の表層から低層まで、澱のように漂っていた時代には、それが戦争への道を妨げていました。しかし、そうした澱が次第になくなると、戦争への歯止めがきかなくなってきます。そして、テロや軍事的脅威が国際的な不安を煽り、日本の"地盤沈下"、雇用の不安定化、地域の解体などが将来に対する不安を呼び起こして、これが強権政治の共鳴盤となっていきます。社会的な連帯の弱まりが、偏見と憎悪、排外主義の温床となってゆきます。

▶「平和」と平和──

　2016年1月、安倍首相は施政方針演説で「日米同盟」は「希望の同盟」だと讃え、「積極的平和主義の旗」のもと、自衛隊はこれまで以上に「国際平和」に力を尽くすと述べました。そして、「安倍内閣は「挑戦」を続けてまいります」と、何度も「挑戦」という言葉を繰り返しました。「挑戦」の焦点は「憲法改正」でした。

　安倍内閣が掲げる「積極的平和主義」は、平和学でいう本来の積極的平和とは真逆の内容をもっています。それは、「平和」の名による軍事力行使の正当化にほかなりません。顧みれば、近代日本の戦争は、すべて「平和」の名のもとで展開されてきたのです。宣戦の詔勅では、日清

戦争は「東洋ノ平和」のため、日露戦争は「極東ノ平和」のため、アジア太平洋戦争（当時の呼称では「大東亜戦争」）は「東洋永遠ノ平和」のために行なわれました（行われたことになっています）。東条英機首相も、「東亜全局の平和」と「世界平和の維持」を語りながら全面戦争に突入していきました。「平和」という言葉にだまされてはならないのです。

≪資料≫「大詔を拝し奉りて」東条英機首相（1941年12月8日のラジオ放送）

　只今宣戦の御詔勅が渙発せられました。精鋭なる帝国陸海軍は今や決死の戦を行いつつあります。東亜全局の平和は、これを念願する帝国のあらゆる努力にも拘らず、遂に決裂の已むなきに至ったのであります。(中略)

　顧みれば、我等は今日迄隠忍と自重との最大限を重ねたのでありますが、断じて安きを求めたものでなく、又敵の強大を惧れたものでもありません。只管、世界平和の維持と、人類の惨禍の防止とを顧念したるにほかなりません。しかも、敵の挑戦を受け祖国の生存と権威とが危きに及びましては、蹶然起たざるを得ないのであります。

　平和を主体的に構築していくためには、軍事＝暴力による解決に傾斜していく現実主義を打破していくことが重要です。同時に、戦争を爽快感・充実感・ヒロイズム・ロマンチシズム・自己犠牲などで美化しようとする傾向、戦争の悲惨さから目をそむけて現実を直視しない傾向をともに克服し、事実にもとづいて戦争認識を磨いていくことが欠かせません。そのためにも、消された加害の焦点である「慰安婦」記述を教科書に取り戻すことは、市民的な権利であり、義務でもあります。そこに、戦争とジェンダーの問題が集約的に示されているからです。「慰安婦」問題は、ジェンダーの視点を介して日本社会の戦争認識の質を問うと同時に、日本社会の質そのものを問う問題です。

　過去の歴史、戦争の歴史を学ぶことは、自らの歴史の総括を通じて、

自己に対する認識を深め、自らの過去を回復していく作業です。それは、歴史的な自己認識・自己回復の取り組みでもあります。過去と真摯に向き合うことによってこそ、過去を克服していくことができます。それは、現在における戦争認識を鍛え、未来における再来・再現を防止するための永続的な営みの一環をなしています。そうした営みを通じて、強靭な主体を確立していくこと。自賛に満ちた尊大な意識を克服して、対等・平等な連帯を構築していくこと。その前提として、情緒的・情動的な自己満足と排他的な他者に対する排撃を克服し、理性にもとづく知的な共同体を構築していくこと。それが平和構築のための確実な基礎となります。

▶未来に対する「国民」の責任──

　日本国憲法の前提にあるのは、過去の戦争に対する反省です。憲法の前文は、「政府の行為によつて再び戦争の惨禍が起ることのないやうにする」決意を宣言しています。そこには、〈過去〉（戦争の惨禍）→〈現在〉（日本国民の決意）→〈未来〉（戦争の防止）、という歴史的な観点が貫かれています。〈過去〉の戦争の惨禍を踏まえ、〈現在〉の日本国民は、〈未来〉に向けて、戦争を防止することを決意しました。「政府の行為」による戦争を阻止することは、主権者「国民」の未来に対する責任であり、義務でもあります。それはまた、アジアに対する「日本国民」の戦争責任を明確にしていく道であり、国際社会において「名誉ある地位」を占める保障でもあります。「希望」という名の戦争「同盟」に未来を託すことはできないのです。

　憲法は、力と不信に対する反省から、理想と信頼を重視する立場に立っています。恒久平和のための崇高な理想の自覚と、諸国民の公正と信義に対する信頼によって、「安全と生存を保持しよう」と決意したのです。

　憲法は、自国中心に対する反省から、全世界的な観点に立ち、「全世界の国民が、ひとしく恐怖と欠乏から免かれ、平和のうちに生存する権利を有することを確認」して、「平和を維持し、専制と隷従、圧迫と偏

狭を地上から永遠に除去しようと努めている国際社会」のなかで、その力を発揮することを求めています。

　戦争克服の証明・保障として、日本国憲法の実質化をはかることこそが必要ではないでしょうか。アジアに対する「戦争の惨禍」の責任をはっきりさせ、自国中心を克服して、平和実現へのイニシアティヴを発揮していこうではありませんか。過去の戦争の真実をみつめ、日本国憲法の精神を確認しながら—

おわりに
——現代日本の私たち

（1）近代の日本

▶人間は優曇華の花──

　社会を構成し、国家を構成するのは、一人一人の人間です。すでに幕末の時期、民衆のなかには、人間尊重の思想も芽生えていました。1853年、南部藩でおこった大一揆の指導者三浦命助は、人間こそは優曇華（三千年に一度花が咲くという想像上の植物）の花のように、かけがえのない貴重なものだと書いています。

> ≪資料≫三浦命助「獄中記」
> 田地なくとも、日びに働ばしのぐものにて御座候間、全くびんぼうを恐るべからじ。（中略）人間と田畑をくらぶれば、人間は三千年に一度さくうどん花なり。田畑は石川らの如し。

　それは文明開化の時期、ヨーロッパの近代思想によって息を吹き込まれ、近代日本の生成期にはっきりと姿をあらわしました。

　人間は生まれつき平等である。日本の人民はすべて一定の権利をもち、生命を保ち、自主を保ち、職業をつとめ、幸福を追求する独立の人民である。いかなる力をもってしてもその権利を奪うことはできない。国家をつくり、法律を定めるのは、幸福を実現するためである。国家が先ではなく、人民こそが先である。国家は人民が幸福を得るための手段である。このような立場から、国民の政治参加の権利が要求されていきました。

　すでに自由民権派の憲法草案のなかには、生命を全うする権利、すなわち生存権を規定し、これを基礎として思想の自由、言論の自由、集会の自由など、基本的人権を全面的に保障すべきことをうたったものもありました。1881年、植木枝盛が起草した「日本国国憲案」の第44条には、つぎのように書かれています。

　日本の人民は生命を全うし、四肢を全うし、形体を全うし、健康を保ち、面目を保ち、地上の物件を使用するの権を有す。

■おわりに

　その背後には、生活こそが人間の第一の権利であり、生存こそがあらゆる権利の源だという思想がありました。『自由新聞』1882年7月の論説「権利の源」は、人がこの世にあるのは、「生」をはかり、「福」を求めるためだとして、生活こそ「人間最第一の権利」だと主張しています。生存こそ、その他の権利が生じる「淵源」だというのです。

≪資料≫「権利の源」(『自由新聞』1882年7月5日の論説)
　生の道に合えるを善といい、生の道に違う、之を悪という。人の世にある、ただ生をこれ計り、ただ福をこれ求むるのみ。(中略)生活は人間最第一の権利にして、自余の諸権利の由て生ずる淵源なり。天下何れの強有力者といえども、あえてこの最大権を達せんとする者を沮碍するを得んや。

　しかし、実際に確立された近代日本の国家は、国民の基本的人権を大幅に制約し、制限つきでしか認めようとしませんでした。それにもかかわらず、このような憲法のもとにあってさえ、権利と人権のためのたたかいは続けられました。足尾銅山の鉱毒事件において、「数十万ノ死命」を救おうとした田中正造のたたかいは、憲法の精神を人民の権利擁護にもとめ、大日本帝国憲法の意味を転換しようとするものでした。

　日清戦争後には、労働者の権利を伸ばすことを目的として労働者の組織化がはかられ、社会主義者は財産分配の公平化と、平等な政治参加、平等な教育を理想に掲げて、徹底的な民主主義の実現を目ざしました。日露戦争後には女性解放の息吹きがおこり、第一次世界大戦中には、米価騰貴に直面した民衆が生存のために実力行動をおこしました。

　1920年前後の時期、民衆は平等な政治参加を求めて普通選挙要求運動を高揚させました。労働者は「我等は機械ではない」と宣言し、団結力をもって労働者の人格と人間性の確立をはかろうとしました。農民は「農は国の基であり、農民は国の宝である」と宣言して、解放のために農民の団結を呼びかけました。未解放部落の人びとも、「人の世に熱あれ、人間に光あれ」と団結を呼びかけて、人間的な解放を高らかに宣言しました。女性もまた、「婦人」としての、「母」としての権利を獲得するた

163

めに団結しました。まさに、それぞれの立場に即した権利の宣言と、解放のための運動が展開されたのです。そして、自由・平等・平和・正義・友愛の社会が希求されました。

▶権利の蹂躙と生存の抹殺——

しかし、1930年代にはいると、これらの主張と運動は急速に国家の前にひれ伏せられていくことになりました。世界に比類ない「日本婦徳」を基礎とする女性の組織化がすすめられ、心身ともに健全な「子女」を養育するのは「皇国」の「御用」に立てるためだとされました。

≪資料≫大日本国防婦人会宣言（1932年12月）
1　世界に比いなき日本婦徳を基とし、益々之を顕揚し、悪風と不良思想に染まず、国防の堅き礎となり、銃後の力となりましょう。
2　心身共に健全に子女を養育して皇国の用に立てましょう。
3　台所を整え如何なる非常時に際しても家庭より弱音を挙げない様に致しましょう。

労働者は「陛下の赤子」とされ、産業は「皇国」に報いるためのものとされました。学問の自由は圧殺され、思想の自由は奪われました。人も、物も、あらゆるものを戦争のため、思いのままに動員する体制がつくられました。そして、ついにはあらゆる「私」が否定され、すべてが国家に飲み尽くされました。国家のために死ぬこと、つまり自己の生存を否定することが名誉とされる時代となったのです。

≪資料≫文部省教学局編刊『臣民の道』（1941年7月）
　私生活を以って国家に関係なく、自己の自由に属する部面であると見做し、私意を恣にするが如きことは許されないのである。一椀の食、一着の衣と雖も単なる自己のみのものではなく、また游ぶ閑、眠る間と雖も国を離れた私はなく、すべて国との繋がりにある。かくて我等は私生活の間にも天皇に帰一し国家に奉仕するの念を忘れてはならぬ。

■おわりに

1937年、保健所法制定、38年、厚生省設置、40年、国民優生法制定。こうして、生むこと、健康であることの悲劇性が、極限にまで高まったといえます。

日本は、1931年の満州事変以後、中国大陸への侵略を本格化し、その過程で中国民衆の土地を奪い、財産を奪い、生命を奪っていきました。残虐な行為を各地で繰りひろげ、他民族の権利を蹂躙し、生命を抹殺しました。それは、国家のための殺人であり、他者の生存の抹殺でした。戦争システムに組み込まれた民衆は、権利を剥奪された被害者でした。しかし、被害者にほかならない民衆が、排外主義と戦争遂行システムのもとで、他者（他民族）の人権を否定し、生命を抹殺する加害者となっていきました。素直で、真面目で、国のことを思う純真な青年こそが、戦争と侵略の担い手となりました。そこに、戦争のもつ悲劇性があったといえます。

戦争は、権利の源である生存を否定していく最大の人権侵害といえます。平常は犯罪として処断される殺人行為が、国家の名において奨励され、最大の殺人者こそが最高の英雄となります。

(2) 現代の日本

▶戦争と平和──

連合国軍の全面占領下で開始された現代は、戦前日本とは根本的に異なり、アメリカとの関係で対外路線が選択される特徴的な構造をもつことになりました（その集約点が沖縄でした）。アメリカとソ連という2つの超大国の世界支配体制によって生まれた東西（ソ連側＝東、アメリカ側＝西）対立のなかで、日本はアメリカに従属し、「東」に対抗するための重要な位置を占めつづけました。その象徴が日米安保体制です。そして、やがて驚異的な経済成長を背景に、西洋諸国以外の唯一の国家として、「西」側同盟の重要な構成員に位置づけられることになりました。その象徴がサミット体制であり、「脱亜」の日本です。しかし、四十数

年間にわたった戦後世界の国際秩序、米ソ二極構造は、1989年以来の東欧の激動を引き金として、ついに1991年末、ソ連の解体によって崩壊しました。以後、日本はどのような道を歩んだのでしょうか。

　敗戦という痛苦の体験を経て新たなスタートを切った現代日本は、アメリカによる占領下、日本国憲法によって戦争放棄を宣言しました。「戦争の惨禍」という過去への総括の上に、「恒久の平和」という「崇高な理想」を掲げる戦後日本は、戦前日本とはまったく異なる原理を基本とすることになりました（ただし、その「日本」から沖縄は除かれていました）。力ではなく、「公正と信義」を信頼し、普遍的な理想を目ざすこととなったのです。

　しかし、占領の解消と引き換えに実現した「独立」は、その代償として、日本を従属の鎖でアメリカにつなぎつづけました。日米安全保障条約はアメリカの基地と軍隊の存在を合法化しました。朝鮮戦争を契機に「警察」の名を冠してよみがえった"軍隊"は、やがて「自衛」の名のもとに増殖して、ついには世界有数の"軍隊"となりました。こうして、現実には平和憲法のもとで力の立場が膨張し、「安全保障」の名のもとに戦争準備（軍備）が進められていきました。それは、現代日本にどのような影を投げかけ、どのような矛盾を引き起こしてきたのでしょうか（その矛盾は沖縄に凝縮されています）。

　そして、1991年、「湾岸戦争」と連動して「PKO（国連平和維持活動）」問題が急浮上しました。以後、「国際貢献」という言葉で、戦争のため、軍隊を派遣するために「平和」が語られました。「国際貢献」を大義名分とし、「平和維持」を正義とすることによって、自衛隊は日本の国境を越えました。はたして、それによって日本は「名誉ある地位」を占めることができたのでしょうか。

▶天皇と国民──

　1945年8月、敗戦によって、天皇制のあり方をめぐる占領権力と日本の支配層の確執がはじまりました。天皇制をなくすのか、守るのか。

■おわりに

　その確執の過程を経て、1946年11月、日本国憲法によって天皇の位置は確定しました。権力としての天皇制は否定されましたが、天皇制そのものは「象徴」という特異な形態のもとで存続することとなりました。その背後には、天皇の権威を利用していこうとするアメリカの意図もありました。こうして天皇制は残りました。

　国家の主権者が天皇から国民に変わったから、もう現代日本が「天皇の国」でなくなったことははっきりしています。では、どのような国となったのでしょうか。憲法冒頭の第一章は「天皇」であり、この後に「戦争の放棄」「国民の権利及び義務」などの規定がつづいています。天皇は日本国の象徴、日本国民統合の象徴だといいます。では、「象徴」とは何でしょうか。天皇の地位は「主権の存する日本国民の総意に基く」といいます。では、国民は、いつ、どのようにして、「総意」を示したのでしょうか。憲法第14条には「すべて国民は、法の下に平等」とあります。では、天皇は国民ではないのでしょうか。天皇とその一族が基本的人権（たとえば、居住・移転・職業選択の自由、婚姻の自由）の対象外におかれているのは、国民ではないからなのでしょうか。このようにして現代日本は、敗戦後の歴史過程の産物として、天皇制と国民主権という、矛盾をはらむ要素をうちに含みながら、歩みを重ねることになりました。

　天皇の権限は13個の「国事行為」に限定され、それは内閣の助言と承認のもとで執行されることになりました。しかし、つねに「公的行為」などの理由で、権限の拡張が試みられました。また、日本外交官の信任状を発行し、外国外交官の信任状を受け取るなど、国際的には天皇は元首扱いされてきました。天皇タブーは現代日本にも根強く残って、思想・信条の自由、表現・言論の自由などを脅かしました。そして、天皇制のあり方は、「日の丸」「君が代」、「建国記念の日」、元号など、国家とかかわるさまざまな装置と結びついて議論の対象となってきました。

　現代日本のそれぞれの局面で、天皇の権限を強め、ひいては元首化しょうとする試みが浮上し、国民主権の原理との間で確執を演じてきまし

167

た。1989年からの一連の天皇「代替わり」儀式と、それにつづく「皇室外交」、結婚ブーム。そして、2019年、ふたたび天皇の「代替わり」。天皇制はどこへ行くのか。あらためて国民主権とのかかわりで、問い直しが課題となっています。

▶人権と生存──

　戦前の富国強兵国家を貫いたのは強者の論理であり、死の思想でした。それにかわって、1946年制定の日本国憲法は、「生命、自由及び幸福追求に対する国民の権利」の尊重を、国民の権利の第一に掲げました（第13条）。それは、70年前の自由民権運動が依拠しようとしていた思想であり、ひいては近代への移行を画した市民革命の思想でした。人間の尊重こそが国家の目的であり、その逆ではあり得ないのです。

　しかし、日本国憲法の制定当時、帝国憲法の論理に縛られていた日本の支配層には、自前で人権保障の憲法をつくる能力も意思もありませんでした。したがって、憲法は外から“押し付け”られました。その意味で、憲法を“押し付け”たのは、直接には占領軍でした。しかし、その背後にあったのは、平和的生存と人権の保障をもとめてきた世界の、日本の、無数の民衆の力であり、歴史の力でした。その力が、マッカーサーの手をかりて、人権を抑圧し、戦争をすすめてきた勢力に対して、新しい理念にもとづく憲法を“押し付け”たのです。まさに、「この憲法が日本国民に保障する基本的人権は、人類の多年にわたる自由獲得の努力の結果であって、これらの権利は、過去幾多の試練に堪へ、現在及び将来の国民に対し、侵すことのできない永久の権利として信託された」（第97条）のです。

　しかし、現代日本においても、個人のうえに国家をおき、人権のうえに国権をおこうとする動きは、強い流れをかたちづくってきました。そうした流れにとって、つねに憲法は妨害物であり、この妨害物を取り除くために「押し付け憲法」論が唱えられてきました。憲法は改憲の危機にさらされつつ、その試練に耐えるなかで、国民にとっての憲法に転化

■おわりに

していきました。

　憲法の内実化の過程は、憲法の理念に依拠して実態の克服をもとめるたたかいの過程でもありました。「法の下の平等」は真に実現しているのか。身分、性、民族、思想などによる差別は克服されたのか。思想・良心の自由、表現の自由は真に保障されているのか。労働者の権利は真に保障されているのか。「健康で文化的な最低限度の生活を営む」生存権は、真に保障されているのか。現実に対するこれらの異議申し立てを通じて、憲法の内実化がはかられていきました。それは、「この憲法が国民に保障する自由及び権利は、国民の不断の努力によって、これを保持しなければならない」（第12条）という、憲法の精神の実践でもあったといえます。主権者である国民には、権利の主体としての自覚と責任、人権の確立へ向けての不断の努力が要請されてきたのです。

　そして、なによりも、「政府の行為」による戦争を阻止することは、主権者「国民」の未来に対する責任となりました。

　　日本国民は、正当に選挙された国会における代表者を通じて行動し、われらとわれらの子孫のために、諸国民との協和による成果と、わが国全土にわたって自由のもたらす恵沢を確保し、政府の行為によって再び戦争の惨禍が起ることのないようにすることを決意し、ここに主権が国民に存することを宣言し、この憲法を確定する。（日本国憲法前文）

【著者略歴】

大日方純夫（おびなた　すみお）

1950 年　長野県生まれ。
早稲田大学教授

『日本近代国家の成立と警察』（1992 年、校倉書房）
『警察の社会史』（1993 年、岩波新書）
『近代日本の警察と地域社会』（2000 年、筑摩書房）
『はじめて学ぶ日本近代史』上、下（2002 ～ 2003 年、大月書店）
『自由民権期の社会』（2012 年、敬文舎）
『維新政府の密偵たち：御庭番と警察のあいだ』（2013 年、吉川弘文館）
『日本近代の歴史 2 「主権国家」成立の内と外』（2016 年、吉川弘文館）
『小野梓―未完のプロジェクト』（2016 年、冨山房インターナショナル）

共著
『日本近現代史を問う』（2002 年、学習の友社）
『日本近現代史を読む』（2010 年、新日本出版社）
『高校日本史 A』『B』（2018 年、実教出版）

カバーデザイン　かんきょう MOVE

日本近現代史を生きる―過去・現在・未来のなかで

発行　2019 年 8 月 20 日　初 版　　　　　　　　　　定価はカバーに表示

著者　　大日方　純夫

発行所　　学習の友社
〒113-0034　東京都文京区湯島 2 - 4 - 4
TEL 03（5842）5641　FAX 03（5842）5645
郵便振替　00100-6-179157
印刷所　　（株）教文堂

落丁・乱丁がありましたらお取り替えいたします。
本書の全部または一部を無断で複製、複写（コピー）またはデジタル化して配布することは、著作権法上の
例外を除き著作者および出版者の権利侵害となります。発行所あてに事前に承諾をお求めください。
ISBN 978-4-7617-0714-9 C 0036
©OBINATA Sumio 2019